Casos reales

Yasmina Reza

Casos reales

Traducción de Regina López Muñoz

Papel certificado por el Forest Stewardship Council®

Título original: *Récits de certains faits*

Primera edición: enero de 2026

© 2024, Yasmina Reza, Flammarion
Todos los derechos reservados
© 2026, Penguin Random House Grupo Editorial, S. A. U.
Travessera de Gràcia, 47-49. 08021 Barcelona
© 2026, Regina López Muñoz, por la traducción
© 2015, Acantilado y Jorge Ferrer, por la traducción de los fragmentos de *El fin del «Homo sovieticus»*,
de Svetlana Aleksiévich, a quienes la editorial agradece el permiso para reproducirlos

© Diseño: Penguin Random House Grupo Editorial, inspirado en un diseño original de Enric Satué

Printed in Spain – Impreso en España

ISBN: 978-84-10496-54-5
Depósito legal: B-19620-2025

Compuesto en MT Color & Diseño, S. L.
Impreso en Gómez Aparicio, S. L., Casarrubuelos (Madrid)

AL96545

A Pascale Robert-Diard
y Stéphane Durand-Souffland,
amigos y maestros

Últimas sombras

Cuando estoy en Venecia fotografío a ancianos de espaldas. Me refiero a parejas de ancianos.

Son gente que no he visto en ninguna otra parte. En ningún otro lugar del mundo he visto esa clase de yuntas lentas, silenciosas y arrebujadas. Sus pasos se combinan con el chapoteo, con el ruido de las embarcaciones que se chocan. Puedo afirmar con certeza que siempre han vivido ahí. Avanzan solos por callejas vacías, cabizbajos, pegados el uno al otro, visitantes asiduos de los muros, los peldaños, saben dónde torcer y desaparecer en una sombra. A veces es el hombre quien se ha colgado del brazo de la mujer, otras veces es al revés. La mayoría de mis fotos están tomadas a la caída de la tarde o en plena noche. A esas horas es cuando los veo enfundados en pieles inmemoriales, visones extra anchos de hombros y de todo o, en el caso de los hombres, abrigos tipo loden con trabilla, de anchura no menos espectacular y pasados de moda. Ellos lucen sombreros de fieltro; las mujeres, bonetes redondeados de ganchillo que les cubren las orejas y les confieren cabezas desmesuradas.

Cuando desaparezcan, sus atavíos majestuosos se arrojarán a una barca, se colgarán de las perchas de un mercadillo o se destruirán. Yo al menos habré visto pasar las últimas sombras de este laberinto de agua.

La otra cara de la vida

Édith Scaravetti mató en plena noche a su marido, Laurent Baca, de un tiro en la sien con una carabina 22 Long Rifle.

Durante un buen rato no logro distinguir su cara, a pesar de que la sala es pequeña y mi banco no queda lejos. Con el pelo negro recogido, el cuerpo engurruñido, como helado, Édith mira fijamente un punto situado poco más allá de sus zapatos.

Ella era auxiliar de enfermería, él trapicheaba, instalaba electrodomésticos en negro. Vivían en una casita que había sido del abuelo de Édith.

Una mañana, ella hace creer a los niños que Laurent duerme en el sofá del salón. Los lleva al colegio y a continuación esconde el cadáver bajo el emparrado de la terraza. Al cabo de unos días lo arrastra, sabe Dios cómo, al fondo del jardín, cava un hoyo y lo entierra.

Tarda casi una semana en denunciar su desaparición.

Cuenta que Laurent se marchó sin teléfono a Italia para hacer una entrega relámpago.

Los chiquillos juegan en el jardín durante quince días. Bueno, hasta que aparecen las moscas. Porque en un momento dado la tumba se convierte en una pestilencia llena de moscardones monstruosos.

Édith lo desentierra para subirlo a la buhardilla.

Para ello hay que pasar por una trampilla que se encuentra en el techo del dormitorio del más pequeño.

Édith mete a rastras en el cuarto del niño el cuerpo putrefacto de su padre con las moscas y los gusanos dentro de una bolsa de basura.

Baja de nuevo al garaje, pone en marcha la hormigonera, sube de nuevo con el cemento. Como se queda corta, baja de nuevo, sube de nuevo, arma el encofrado, una vez seco el cemento pone el revestimiento. En el banquillo se la ve tan menuda y enclenque que cuesta imaginar todos estos actos.

Ante la familia del desaparecido, ante los tres niños, Édith sostiene que Laurent se fue por un negocio.

Cuando su suegra le pregunta qué regalo quiere por Navidad, ella contesta: «Que vuelva Laurent».

Miente durante tres meses hasta que se viene abajo durante un registro en su domicilio.

Es un juicio curioso.

Poca gente, un jurado mayoritariamente femenino, una acusada inmóvil y durante mucho tiempo sin voz. La psicóloga declara en bermudas y zapatos de charol. El perito en balística se presenta con un cráneo metido en una bolsa de plástico del supermercado Proxi.

La cara del muerto ondea en el reflejo de unas aguas revueltas.

Para unos: alcohol de la mañana a la noche, porros —cuando no coca—, carácter obsesivo, violencia. Para otros, su madre: «Puro amor». Un testigo más independiente: «Era un buen tío que andaba preocupado. Y ahora descubrimos a un hombre que empuñaba una carabina a todas horas».

Sus hijos lo querían. Su mujer se marchitaba.

La vida de una pareja es impenetrable. Se trata de una formación social que se afana en callar o deformar su realidad.

Con doce años, Édith sufrió una violación en un camping. Antes de contárselo a Laurent, nadie supo nada. A la edad en que las chicas salen a pasarlo bien, ella cuidaba de un abuelo enfermo de Alzheimer para que su madre pudiera rehacer su vida. Su padre, transportista, vivía en la carretera. Introvertido, poco hablador también. «En el camión ya se sabe, aparte de cantar y escuchar las noticias, uno está solo».

Édith se acostumbra a esta vida sin brillo y desértica.

«Está resignada», afirma la psicóloga en pantalón corto. Laurent Baca la saca del aislamiento. Se quieren. Él también es frágil. Son felices: durante un tiempo. Antes de que la infelicidad y toda clase de heridas salgan a la superficie. Antes de que ella cargue sin ayuda con todo el peso de una vida cada vez más gravosa: la casa, la compra, los niños, el marido tiránico, el alcohol, las malas compañías.

Se hizo amiga de la hermana de Laurent. Podría haber hablado con ella.

Pero, cuando te construyes en la certeza de que nadie puede ayudarte, no te confías a nadie. Además: «Es difícil contarle a otro algo que no quieres confesarte a ti misma».

Un día, Édith conoce a un hombre, es bombero, otra criatura aislada. Se embarcan en una especie de coqueteo. Se ven por ahí, a escondidas, en distintos lugares, conversan. Nada realmente íntimo. Ante el tribunal que pregunta qué representaba para ella, el hombre responde con un marcado acento de Toulouse:

—Yo era su válvula de escape.

—¿La expresión es suya o ella lo formulaba de otro modo?

—Pues... es cierto que yo era su válvula de escape.

—¿Y de qué hablaban?

—De todo un poco.

—¿Por ejemplo?

—Eh... Hablábamos de todo un poco.

—De todo un poco.

—Sí, eso es... De todo un poco.

En los tribunales se declara a menudo que las conversaciones versaban «de todo un poco». Se ven en sitios que no están en ninguna parte, se dicen cosas cuya sustancia se desvanece al instante. Ni reproches ni penas. Es la otra cara de la vida.

Hacerse compañía, pasar el rato. Algo liviano. De todo un poco significa ni más ni menos que estar presente, ni siquiera por las palabras.

Toulouse - marzo de 2018 - Tribunal Penal de Haute-Garonne

Paseo por las orillas frías del Spree

Una tarde del invierno de 2021 paseábamos él y yo en paralelo al Spree, en Berlín.

Era la víspera de un estreno de *Arte* en el Berliner Ensemble y habíamos ido a ver el cartel. Yo iba agarrada de su brazo, como de costumbre. Él se detenía para hablar, avanzaba despacio y cojeaba de cuando en cuando. Hacía frío. Dije:

—¿Podemos apretar un poco el paso, Rainer?

—Difícil, con mi rodilla. Además, ya no soy tan joven como antes.

—¡Por favor!

—Tengo ochenta y un años, ¿sabe usted, Yasmina?

El paseo ya no fue el mismo. ¿Qué clase de broma de mal gusto era que Rainer, al que recordaba haber conocido no mucho mayor que yo, con su cigarro y su bolsito de cuero en bandolera, de pronto tuviera ochenta y un años, cifra absurda, alarmante? Es lo que sucede entre las personas que viven lejos. Van acumulando años furtivamente y, cuando se encuentran, una o dos veces al año, se acicalan, sacan sus mejores galas de vigor. No lo ves venir. Y uno hace tres cuartos de lo mismo. De modo que no te esperas el golpe que recibes en medio del viento glacial a orillas del Spree. Me sorprendió sentir la fragilidad de su brazo por encima del mío. La claudicación que de pronto se llamaba vejez. Esa cifra que de pronto significaba la ausencia de porvenir. La vejez había surgido para los dos. Pues a cada instante de uno corresponde un instante del otro, todos avanzamos en el tiempo como la moneda de Borges tirada desde la cubierta al océano.

Rainer Witzenbacher fue mi primer agente extranjero y, de todos los que he tenido, el único que mantengo hasta el día de hoy. Toda una vida de trabajo y amistad. Una vida de andanzas por ciudades germánicas, de ansiedad codo con codo en salas oscuras, de confrontaciones (es testarudo) y de grandes alegrías.

Las personas que se ven de higos a brevas hacen lo posible por no defraudar. En *Un dios salvaje*, una mujer habla de un hombre que le había gustado hasta que, por desdicha, lo vio luciendo un bolso en bandolera. El accesorio marcaba el fin abrupto de la atracción. Cuando llegué a Zúrich para ver el (formidable) estreno de la obra dirigida por Jürgen Gosch, Rainer me dijo mientras andábamos por los pasillos del aeropuerto:

—¿No hay nada que le llame la atención?

—¿Ha adelgazado?

—No.

—¿El bigote? ¿Algún cambio?

—En absoluto.

—... Lo veo bien. Pero no sé a qué se refiere.

—¿No se ha dado cuenta de que ya no llevo el bolso?... Lo he abandonado por usted. Aunque lo paso mal. Ahora no sé dónde meter la funda de las gafas, la cartera, los pañuelos. ¿Dónde guardo las llaves?

Ochenta y un años quiere decir que algún día no muy lejano, de un modo o de otro, nuestra pareja dejará de existir, al igual que todo se convierte por supuesto en polvo gris y sin importancia. Ese rincón de Berlín junto al río Spree, cerca del teatro Berliner, al que he regresado desde entonces, incluso con él, incluso en primavera, viendo a gente bailar tangos, está unido a este paseo nocturno en el que el Tiempo me recordó su existencia de un modo aterrador.

«Desesperación»

El 3 de agosto de 2021, en un tren de la línea 13 del metro, dirección Châtillon, Dalila perpetró una pequeña masacre.

Apuñaló en el tórax a un joven repartidor negro mientras lo cubría de insultos racistas, le abrió una raja en la mano a un cocinero blanco que se interpuso y le hizo otro corte en la rodilla a una mujer de setenta y seis años que tuvo la desgracia de encontrarse allí.

La persona que entra y se sienta en el banquillo con vivacidad infantil es un retaco hosco y bigotudo. Labios fruncidos, tez sumamente morena, pelo negro rizado, jersey de cuello vuelto negro.

La presidenta del tribunal:

—¿Le parece normal ir por ahí con una navaja automática?

—La tengo desde que me robaron el ciclomotor y no me pude defender.

La voz que sale del cuerpo fornido es curiosamente dulce y clara.

En el momento en que comparece ante el tribunal, Dalila lleva dieciocho meses en la cárcel de Fresnes.

—¿Va todo bien en prisión?

—Sí, va todo bien.

Al otro lado, frente a ella, ocupando los asientos laterales, los señores Dansoko y Esposito, los dos heridos que denunciaron.

Dalila Ezzitouni avanzaba por un pasillo del metro escuchando música por los auriculares y cantando. Al adelantarla, mientras hablaba con su primo por teléfono, Kouré Dansoko se dio la vuelta.

A Dalila no le sentó nada bien esa mirada.

«Yo estaba cantando una canción, a lo mejor un poco más alto de la cuenta. Me miró un poco raro desde mi punto de vista. Me pareció que se estaba burlando de mí... Soy una persona muy susceptible. Una mirada insistente con una ceja levantada me transmite la impresión de que se ríen de mí».

Kouré Dansoko niega haberla mirado raro, y las imágenes de las cámaras de seguridad lo corroboran.

Ambos suben al mismo vagón. La grabación pone de manifiesto que es ella quien lo sigue a él, ella la que se le pega como una lapa, la que lo busca.

—Llevaba la nariz por fuera de la mascarilla. Le dije que se la colocara bien. Me contestó que así se iba a quedar. Se me cruzaron los cables.

—En su declaración, Laurent Esposito afirma que estaba usted «furiosa» y que realmente su intención era apuñalar al señor Dansoko.

—Se abalanzó sobre la navaja y luego sí, es verdad, se armó un poco de jaleo.

—Le dijo usted: «¡Ponte la mascarilla, negro de mierda, que nos vas a contagiar a todos!».

—Estaba cabreada. Por culpa de la crisis del coronavirus me había quedado sin trabajo y sin casa.

—Le dijo usted: «¡Negro de mierda, hijo de puta, cabréate, así te mato!». El señor Dansoko mantuvo la calma; de hecho, el señor Esposito afirma que le asombró la inusitada amabilidad del señor Dansoko, que en ningún momento la insultó.

La presidenta subraya el valor de Laurent Esposito al intervenir. Él mismo declarará ante el tribunal que en un primer momento no vio la navaja. Cuando se abalanzó sobre ella para reducirla, Dalila estaba golpeando a Kouré Dansoko al grito de: «¡Te mato, te mato, mono de mierda!».

—¿Es usted racista?

—No, no creo. No... Si hubiese sido blanco, habría dicho blanco de mierda.

—¿Seguro? Durante la primera audiencia confesó «ser un poquitín racista» y parecía achacarlo a la pérdida de sus empleos.

—Todos los trabajos que he tenido, en BHV, en Carrefour... siempre con inmigrantes... y siempre me han echado.

—¿Por culpa de los inmigrantes?

—Siempre he tenido problemas con ellos, complicaciones...

—Habla usted de inmigrantes, pero podrían ser franceses...

—Sí.

—Su madre es marroquí y su padre argelino, usted nació en Francia. ¿Acaso usted misma o sus padres no podrían haber sido víctimas de una agresión similar?

—Sí. Estoy un poco en el mismo saco.

—Háblenos de su situación profesional en el momento de los hechos.

—Me había salido trabajo en un restaurante del distrito catorce, pude coger una habitación de hotel en Porte de Clichy, gané algo de dinero, pero no duró mucho.

—¿Por qué?

—El dueño del restaurante no me renovó después del periodo de prueba. Tenía que empezar de cero otra vez.

—Tiene usted veintiocho años. ¿Siempre ha trabajado?

—Sí... Camarera de piso en Holiday Inn, personal de equipo en McDonald's, asesora de ventas en Zara, empleada en Carrefour Market, camarera en un restaurante... También he trabajado en los almacenes BHV...

—Y de su infancia, ¿qué nos puede contar?

—Mucha violencia con mi madre. Me pegaban. Hacía muchas tonterías. Mi madre era alcohólica. Ahora trabaja en un almacén.

—¿Su padre?

—Ausente.

—¿Está su madre en la sala?

Dalila hace un repaso entre los presentes y dice que no.

—No fue fácil cuando le dije a mi madre que me gustaban las chicas. En el colegio se reían mucho de mí. Estaba gorda. Estaba... En un principio yo no era una mala persona.

21

—¿Y el racismo?

—La ira va por delante.

—Tiene en sus antecedentes penales cuatro condenas por actos de violencia. En un centro de acogida rompió la bicicleta de la jefa.

—Tengo mucha ira y mucha violencia dentro.

—¿Bebía usted?

—Fumaba mucho hachís. Consumía un poco de cocaína. Cuando la cocaína, estaba totalmente perdida, empeoró mi *desesperación*. En la cárcel ya no tomo nada. Solo fumo tabaco.

—¿Está en tratamiento?

—Sí. Estoy atendida. Un antidepresivo y calmantes.

De pronto se forma revuelo en la pequeña sala de audiencias. Se alza una voz desde el fondo:

—Soy la madre. Soy yo su madre.

Ha llegado de improviso. Tiene buen porte, ojos azules. Alta, guapa a pesar de las facciones hinchadas por el alcohol, ataviada con un chaleco rosa largo. Casi aparenta menos años que su hija. ¿Con qué edad la tendría?

La presidenta:

—Tome asiento, señora.

Va a sentarse en la primera fila, al lado del banquillo. Cuando la abogada de los demandantes reclama nueve mil euros por daños y perjuicios, exclama:

—¡Mi hija es una persona sin hogar!

—¡Señora, no puede intervenir cuando le dé la gana!

Le toca el turno al joven fiscal.

Imbuido de sus propias inflexiones atronadoras e indignadas (absolutamente desproporcionadas con respecto al tamaño reducido de la sala), recuerda la extrema gravedad de la agresión xenófoba y racista que se está juzgando. «¡Mono de mierda! —exclama desgañitándose—. En el plano de los valores, pero también de la humanidad, ¡mono de mierda! Es lastimoso. No creía que en Francia, en 2023, pudiera uno oír semejantes palabras. ¡No podemos por menos que indignarnos!». A continuación, un himno a los señores Dansoko y Esposito, héroes de a pie que, frente a la lamentable racista del banquillo, ofrecen un contraste sobrecogedor.

—Pero ¡si ella es magrebí! —exclama la madre desde su banco.

—Señora, le ruego que abandone la sala —dice la presidenta—. Es evidente que no entiende cómo funciona la justicia.

Dos agentes de policía la escoltan hacia la salida. El fiscal continúa. Dalila lo escucha torciendo la boca. «Hemos visto cómo el señor Dansoko intentó por todos los medios evitar una confrontación cuando su interlocutora lo abordaba con retórica belicosa. Lo que debemos tener claro es que la señora Ezzitouni hizo todo lo posible para colarse por cualquier grieta y apuñalar a un hombre del que el señor Esposito afirma que es el más amable que haya visto jamás, porque en ningún momento reaccionó con agresividad, todo lo contrario, pidió perdón cuando el agredido era él, presentaba una herida sangrante en el tórax y aun así pedía perdón a los viajeros por el retraso ocasionado. ¡Esas son las personas a las que se tacha de negro de mierda en el siglo XXI!».

Solicita cinco años de prisión.

El abogado de Dalila empieza diciendo que no cuestiona la gravedad de los hechos ni, sobre todo, los comentarios racistas. Sí, es consciente de que todo reviste mucha gravedad. Claro que sí. Tarda cinco largos minutos en pagar su diezmo de virtud y asegurar al auditorio que jamás se le ocurriría restar importancia a los atroces delitos de su clienta.

Finalmente, se desvía hacia la infancia: la madre, los palos, el hogar, la madre, los palos... «No todo el mundo cuenta con esa experiencia. ¿Qué sería de nosotros si hubiéramos tenido la misma experiencia?». Es muy breve. Apenas esta enumeración: la madre, el hogar, los palos... Palabras que pasan desapercibidas. Que desfilan como árboles muertos por la ventanilla de un tren. Enuncia a continuación algunas consideraciones acerca del derecho a ser una persona mejor. No tiene tiempo. En la sala ya hay gente esperando para otro caso. Y luego otro.

En la pequeña sala del tribunal correccional, no puede extenderse.

No hay tiempo para remontarse en el tiempo, para escrutar en profundidad la historia del sombrío rostro abrupto de Dalila.

París - enero de 2023 - Tribunal Correccional - sala n.º 10

Al límite

Todo es confuso.

Ella dice que él es violento, que bebe. Él, que ella sufre unos celos enfermizos, que lo acosa. Llevan juntos un año. Él es comercial en una empresa de informática.

Lo están juzgando a él.

A ella no la veo. Tal vez esté en la sala, pero no sé quién es.

Él lleva una camisa burdeos con lunares. Cuando ocupa de lado su asiento abatible, queda girado hacia los magistrados, dando la espalda al público.

Volvió tarde a casa. Ella se lo reprochó. Ya estaba acostada.

—Cuando volví me encontraba muy tranquilo. Y ella empieza a hacer cosas para ponerme al límite.

—¿Por qué quiere sacarla de la cama?

—Porque me pone al límite.

—¿Qué significa esa expresión que usted no para de utilizar durante el procedimiento?

—Que me cabrea, me provoca. Yo estoy tranquilo, pero ella se empeña en decirme que no estoy en mis cabales. Había tomado un poco de coca, pero hice lo posible por calmar los ánimos. Lo pueden comprobar en la grabación que hizo ella. Me dice que va a llamar a mi madre. Ahí es cuando de verdad me entran ganas de que se vaya. Le pregunto si quiere que la ayude a hacer la maleta. Me dice que se irá cuando ella decida.

—La saca usted de la cama a empujones. ¿No es un gesto violento, señor, liarse a empujones?

—Les pasa a todas las parejas.

—Lanzó un mechero contra la pared.

—Sí.

—Ella afirma que la sacó de la cama y la lanzó al pasillo.

—No. Yo no la «lancé», la trasladé. Estudió Derecho, sabe muy bien qué vocabulario utilizar.

Reconoce que la insultó pero niega la violencia física. Acabó tirando su bolso por la ventana para que se marchase.

Ella acude a comisaría y pone una denuncia. La policía se presenta en su casa.

—Por lo que cuenta, da la impresión de que no es usted responsable de gran cosa. Cuando la policía hace su trabajo, usted afirma que son agresivos. Cuando la maltrata a ella, afirma que lo ha puesto al límite. La suya es una postura bastante curiosa, señor.

—¿Y cuál quiere usted que adopte?

La abogada de la chica agobia al acusado. La fiscal es más sutil. Por lo demás, no exige gran cosa.

El abogado defensor opina que no tiene ningún problema con la postura de su cliente; según él, no hay postura. Afirma que el expediente se construye a partir de la presunción definitiva de la veracidad de las declaraciones de la *víctima*.

Víctima y no denunciante, subraya. Que, por tanto, su cliente únicamente comparece como *autor* de los hechos. Señala la dificultad que plantea este léxico a un abogado. Otra dificultad, añade: el *todo es violencia*. El hombre lanzó un mechero y asestó un golpe a la pared con las manos. Son sus propias muñecas las perjudicadas. Pregunta si los insultos en la intimidad y la falta de elegancia se adscriben al registro de la violencia. Si fuese el caso, tendríamos un problema. Afirma que lo mejor que le pudo pasar a la pareja fue la separación. Que no procede intervenir de otro modo.

Termina así: «No sé si se me está escuchando. Tengo la sensación de ir a contracorriente de todas las personas que han intervenido en esta causa. Los expedientes de violencia de género se han vuelto muy complicados. Hace unos años no había luz, hoy en día es al revés, hay tanta luz que estamos deslumbrados, ya no vemos la realidad».

París - noviembre de 2022 -
Tribunal Correccional - sala n.º 10

Nella strada

Última hora del día. Me dirijo al Rialto. Me cruzo por la calle con Benigno Brolese.

Como caído del cielo, porque tengo muchas cosas que decirle. Benigno es el arquitecto que acaba de dirigir las obras de mi apartamento veneciano. Nos hemos hecho amigos, pero por ahora los engorros de la recta final de las reformas se anteponen a la serenidad de nuestros lazos.

Llevo varias semanas sin verlo y no lo he avisado de mi llegada. Aire estival, camiseta blanca ceñida, pelo mojado. Me sonríe con su dentadura nueva, sin particular alegría ni sorpresa de verme en la ciudad. Lleva una bolsa de papel de la que, nada más saludarnos con un beso, saca un voluminoso dosier encuadernado y anuncia: ya está, tengo el libro. El libro, según me esfuerzo por comprender enseguida, es el expediente de un peritaje que le encargaron hace tiempo. Bravo, lo felicito.

—¡Tres meses de marrones! —Lo hojea para enseñármelo—. Vaya, hay una página del revés. En fin, qué le vamos a hacer. ¿Tú, todo bien?

Muy bien, contesto. Él continúa:

—¿Recibiste mi mail? Tienes que pagar mil ochocientos euros de impuesto sobre bienes inmuebles.

—¿Mil ochocientos euros? ¡Es mucho!

—¡Ya, claro! Si supieras lo que pago yo...

—Pero ¿por qué es tan caro?

—Pregúntale a Peppi Montafassi.

—¿Quién?

—Tu contable.

—¿Tengo un contable?

—Pues sí.

—¿Y por qué tengo un contable?

—¡Porque lo necesitas para que te calcule el impuesto sobre bienes inmuebles!

Está al borde de abroncarme.

—Pero en Francia la Agencia Tributaria hace el cálculo —protesto.

—Pero esto es Italia.

—¿Y en Italia necesito un contable para que me calcule las tasas obligatorias?

—¡Mira, no insistas! ¡No insistas con este tema! ¡Estamos en un país de mierda y yo no sé adónde vamos a llegar! ¡Sí, necesitas un contable!

Marca el ritmo de la frase como si yo no entendiera absolutamente nada de la vida.

—Bueno, llamaré al banco...

—Llama, llama. Yo mañana entrego el puto libro este y me voy dos días a descansar al lago de Garda.

Acto seguido, se marcha sin más dilación.

Por supuesto, no le he dicho ni una palabra de la puerta por la que se cuela la luz, de la fragilidad de las baldosas, ni una palabra de las huellas de inundaciones sin repintar...

La guardameta

En la playa del Lido, una niña de unos seis años juega al fútbol. Morena, de pelo rizado, vivaracha a más no poder. Forma equipo con un amiguito de su edad. Contra ellos, su padre y su hermano de tres años. Unas palas plantadas en la arena hacen las veces de postes para delimitar las porterías.

La niña es la guardameta.

El padre juega en serio con el pretexto de que su formación sufre un desequilibrio. Chuta para ganar. El niño pequeño sigue el balón a ciegas sin entender nada. Su equipo marca todos los goles.

A medida que avanza el juego, con una gracilidad de remolino invisible, la niña mueve las palas para reducir el espacio entre ellas. El padre se esfuerza, regatea, esquiva al amigo y chuta. Según se va estrechando la meta, su puntería es cada vez menos precisa. Maldice, hace como si no se diera cuenta de nada y vuelve al ataque.

Pero la niña carece de mesura, y llega un momento en que sus brazos estirados superan la anchura de la portería. El padre ya no puede seguir fingiendo y, escandalizado, hace grandes aspavientos.

La niña da media vuelta y pone de nuevo los palos en su lugar, maltratándolos como si hubiesen tenido la desfachatez de moverse solos.

Un homenaje

En una sala pequeña del tanatorio del Père-Lachaise se han reunido unas sesenta personas. Antiguos colegas, amigos de los padres, parientes lejanos, algún que otro amigo de Marc.

Frente a la asamblea silenciosa y dispar, él está solo, de pie junto al ataúd, un poco separado del atril en el que están colocados sus folios.

Lee en voz alta, lo justo para las circunstancias:

«Se me vienen a la cabeza dos palabras para definirlo, para decirle adiós y recordarlo. Esas dos palabras son silencio y fidelidad... Como toda la familia sabe, su despiste era legendario, cómico, ridículo, a veces lo exageraba para hacernos reír y otras veces no hacía ninguna gracia, lo cual era aún más divertido, aunque involuntariamente. Jean-Claude y yo, así como mamá, tenemos grabada en la memoria la imagen de papá en la mesa estirando una mano para pedir la sal, el pan, vino o su plato sin plantearse siquiera articular palabra, simple y llanamente porque tenía otro texto en la cabeza, en general el del papel que estuviera ensayando entonces. Es famosa en casa la anécdota: más o menos en los inicios de su carrera, en 1961 o 1962, se encontraba de gira por el sur de Francia y le mandó a mamá una postal en la que olvidó escribir lo que fuera. Podríamos citar otras miles. Como cuando, durante la inauguración de la Casa de la Cultura de Reims, la prefecta le tendió su copa vacía y él se puso a llenar la suya propia y, al ver que la mujer insistía, apartó la copa con una de sus dulces sonrisas soñadoras diciendo: "No, gracias". Como las veces en que se cruzó con mamá por la calle y le estrechó la mano con cortesía antes de reconocerla y pedirle perdón. O cuando, por citar un ejemplo que me incumbe directamente, tendría yo un año o un año y medio, volvió a casa solo tras una visita a la Seguridad Social. Mamá le preguntó dónde estaba yo; me había olvidado en un pasillo. Debo añadir que cuando vino a buscarme estaba él mucho más asustado que yo, porque no me di cuenta de nada: estaba completamente absorto en la lectura de un libro, un librito de madera para bebés...

»Estas historias podrían y tal vez deberían habernos preocupado; sin embargo, nos hacían reír. Y nos hacían reír porque ese silencio, ese despiste, ese sentimiento soñador y nocturno que transmitía a veces de no ser de este mundo era en él indisociable de la otra palabra que acabo de mencionar, lo que lo vuelve aún más excepcional. La palabra, recordemos, es fidelidad. La fidelidad extrema, apasionada y tierna, de la que todos podemos dar fe, que papá sentía por la vida que se había construido y por quienes la habitaban, o sea, nosotros. Creo que podemos afirmar que los tres recibimos de él un amor absoluto, incondicional y, en ocasiones, afligido, con independencia de lo que hiciéramos, lo que a partir de mi adolescencia debió de exigirle una moderación extraordinaria. Mi padre encarnaba la dulzura, encarnaba la sensibilidad extrema y al mismo tiempo la ausencia. Me he devanado los sesos durante años tratando de entender cómo podían aliarse tanta ausencia y tanta sensibilidad...».

Marc continúa. A lo largo de varias páginas, escritas sin prurito de estilo, narra el mundo paterno, la compañía teatral, el maquillaje, el vestuario que llevaba a casa y que los convertía en «los niños más disfrazados del barrio», menciona los cuentos que les leía y el embeleso, «cuando venía a darnos las buenas noches a nuestro cuarto podíamos quedarnos dormidos sabiendo que nos querían, podíamos creer de veras en la estabilidad, en la seguridad de las cosas del mundo», menciona a Prévert, Drancy, el comunismo, la camaradería universal, el grupo Octobre, dice papá, dice mamá, cuenta que le permitían corretear y chillar por los pasillos de la casa de sus abuelos con un penacho de indio en la cabeza y el bastón espada del abuelo en la mano, el mismo que más adelante escribiría los libros más negros sobre la familia, la fealdad del paisaje natal, la mediocridad de la ideología, dice papá, dice mamá, sin distancia, habla de un mundo en el que se amaba a los niños, palabras que no se atrevería a escribir en la vida real, impronunciables, quiero decir, en el teatro sin piedad del Marc Weitzmann adulto.

Deja los folios en el atril.

Y retrocediendo ligeramente añade: «Entre un padre y un hijo, creo que existe una capa profunda en la cual lo que se dice y se transmite es tan misterioso para quien transmite como para quien recibe... Por ello, me gustaría terminar con un texto del que él no habría entendido ni una palabra. Y que yo mismo no comprendo».

Marc extrae de su bolsillo una kipá doblada y un papel.

Se pone la kipá en la cabeza y él solo, en medio del silencio desconcertado que guardan los asistentes, su madre, su hermano, los distintos conocidos, pronuncia en arameo el kadish.

Al final dice amén.

Ninguna voz responde.

Audrey

Bajo la luz de mediodía, bordeando una vegetación dispersa y la cartelería urbana, una joven alta y un hombre caminan de espaldas.

Son los últimos pasos del hombre.

La chica lleva los brazos al descubierto, el pelo largo, pantalón claro. El hombre es bajito y fornido, va en mangas de camisa. Se enciende un cigarrillo.

Salen drásticamente del plano.

Los ha inmortalizado una cámara de vigilancia de una gasolinera.

El hombre murió en una cavidad rocosa minutos después de que se captaran esas imágenes. Lo sabemos por el cigarrillo, que no llegó a fumarse hasta el final.

La chica hizo de cebo.

A petición de la persona que está sentada en el banquillo, la joven condujo al hombre a la cueva que sería su tumba.

Ella comparece en libertad por motivos administrativos, aunque está acusada de cómplice de asesinato.

El hombre que vemos en la jaula de cristal del Tribunal Penal de Hérault se llama Rémi

Chesne. Ejerce como peluquero a domicilio en Sète. Está acusado de tender una emboscada y asesinar al examante de su esposa cinco años después de que esta se ahorcara.

La defensa de Rémi Chesne es simple. Él no estuvo allí, no hizo nada, no entiende nada. Esta causa no tiene nada que ver con él. No hay ninguna prueba contra él, ninguna evidencia. Ni arma, ni imágenes, ni ADN.

Si lo han sentado en el banquillo ha sido únicamente, a excepción de algunos detalles, por el testimonio de esta muchacha pálida y flaca, que tritura un paquete de pañuelos de papel envuelta en un chal de lana gruesa.

Los primeros días del juicio, Audrey Louvet, que así se llama, lleva una trenza a un lado con un coletero rosa en la punta. De espaldas, presenta una especie de matojo a la altura de la nuca, como si el peinado tuviera ya varios días y varias noches. Brilla también un pasador que no sirve para nada. A sus pies, una botella de agua, una talega lacia que ha visto mucho mundo y una bolsa de plástico del hipermercado Géant Casino. En la mano sostiene dos fotos de sendos adolescentes y el paquete de pañuelos de papel que toquetea constantemente como las cuentas de un rosario.

Cuando sube al estrado le dice a la presidenta con voz débil: «Luego, aun así, he sido feliz, porque tuve a mis dos hijos. El mayor está cursando una formación técnica, el chico está en el instituto. Son educados, no beben, no fuman». Aparte de esto, parece que muy feliz no ha sido. Cuenta que su madre no la quería, que sus dos hermanos abusaron de ella. En una versión su madre lo sabe todo, en otra, no. Muchos testigos de los tribunales penales se enredan, se lían, confunden fechas, declaraciones, dicen lo contrario de lo que dijeron dos minutos antes. Su relación con la verdad no es una relación con la verdad o la mentira, sino una relación con la realidad. Audrey ha orientado su vida hacia la búsqueda del consuelo. No es muy buena brújula.

Vive de ayudas sociales, de trapichear con tabaco. Muchos pitis, muchos amantes. Rémi Chesne, al que conoció en su faceta de peluquero, ha sido uno de ellos, durante un breve periodo. Luego él sigue yendo a su casa *como amigo*. Aparece cuando le viene en gana, le miente sobre su vida. No se complica con esta chica crédula que vive al día y no soporta la soledad. «Señoría, yo siempre siempre les daba a los demás, era mi carácter de antes».

Un buen día, Rémi le enseña una foto de un hombre. Ella lo reconoce. Es Patrick Isoird. Hace unos años se veían. Él también fue su amante. ¿Podría Audrey llamarlo? ¿Restablecer el contacto? Le vendría muy bien que le hiciera ese favor. Audrey tiene buen corazón. Se alegra de poder ayudar a Rémi. Entre sus conocidos, Rémi Chesne representa la más alta gama. La engatusa, le cuenta una trola sobre unas deudas, le jura que solo pretende darle un susto a un mal pagador. Ella accede. Se equivoca de parte a parte.

Una cosa lleva a la otra, y Audrey conduce a Patrick Isoird a la cueva. El pretexto da igual. Lo que ocurre a continuación en la cavidad depende únicamente de su relato. La llegada de Rémi con una escopeta, las órdenes que ella acata, la cinta adhesiva, la tela en la cabeza, su huida, la espera en el aparcamiento, las amenazas, los billetes que recibe a cambio de su silencio...

Los datos de telefonía y otros no hacen sino respaldar su narración.

Sin este relato que acabó confesando a la policía y que reitera a duras penas en la sala de vistas mientras machaca su amuleto de pañuelos, no podría condenarse a Rémi Chesne.

El octavo día de juicio, sube al estrado Laurine Chesne. La hija de Rémi. Una chica de la costa de veintitrés años, guapa, arreglada.

Laurine Chesne habla de su existencia normal y feliz en vida de su madre. Cree ciegamente en la inocencia de su padre, es valiente y animosa, pero su testimonio está demasiado preparado, a estas alturas se espera emoción.

Frank Berton, el abogado defensor de Rémi Chesne, se levanta. Es astuto, sabe hacer llorar a una mujer. «Está usted sola, señorita... Se da cuenta de que aquí todo el mundo, diga usted lo que diga, considera que su padre es un asesino...».

Laurine se deshace en llanto. Prosigue su declaración entre sollozos. Sorbe y se seca la nariz con las manos.

Audrey está sentada dos metros más atrás.

De repente, doblada por la cintura para hacerse invisible, deja furtivamente su paquete de pañuelos delante de Laurine.

Laurine Chesne se cuida de tocarlo. Vuelve la cara, un movimiento mínimo, el tiempo justo para dirigirle una mirada cargada de odio.

Cuando abandona el estrado, el paquete arrugado queda sobre el atril como una inmundicia.

Montpellier - enero de 2021 - Tribunal Penal de Hérault

El asceta

Por el barrio me cruzo a menudo con un hombre todavía joven de aspecto oriental, de una belleza abrumadora, que vive en la calle.

Duerme directamente en el suelo, sin mantas, el cuerpo expuesto a todas las miradas. Se lo ve en toda clase de posturas meditativas, pegado a los muros haga el tiempo que haga, habitado por no se sabe qué pensamientos remotos, o bien acuclillado, furtivo y silencioso en el hueco de una ventana a ras de suelo.

Viene de las colinas de Afganistán o de Irán, así es como lo imagino.

A su lado a veces una botella de agua o de Coca-Cola, varias piezas de bollería colocadas en fila sobre el asfalto. Tal vez antes de tocarlas deba obtener una autorización.

Ahora que se avecina el invierno lleva puesto un anorak rojo y negro con una de las coderas completamente agujereada, y un gorro de lana debajo de la capucha de la sudadera.

El otro día llovía a cántaros y él estaba plantado encima de un conducto de ventilación igual que un tentetieso inmóvil, con las piernas recogidas contra el torso y metidas bajo el anorak, la cabeza hundida. Allí seguía, completamente empapado, cuando pasé de nuevo por el mismo sitio una hora más tarde.

Nunca lo he visto pedir limosna.

En una ocasión había un joven hablando con él. No sé en qué idioma, yo pasaba por la acera de enfrente. A menudo siento el impulso de abordarlo, pero no lo hago. Sigo de largo.

Parece inmune al tedio. Me lo represento como un asceta o un monje que se inflige una penitencia. Esta mañana, domingo, volviendo del mercado con unas flores, lo he vislumbrado de espaldas delante del escaparate apagado de un comercio.

Llovía, él apenas se movía, pegaba el cuerpo a la reja.

Me he acercado. Al cabo de un momento el hombre se ha doblado, poniéndose casi de rodillas, para explorar a través de los rombos de hierro las combinaciones de seda y encaje, las fotos de unas muchachas semidesnudas, los admirables cuerpos de resina ataviados con lencería transparente.

De un tiempo a esta parte observo que el frío le pasa factura. Tiene las facciones hundidas, le ha crecido el pelo, le han salido canas. Habla solo, rodeado de telas arrugadas y sucias.

El invierno ha pasado. Ya no me lo encuentro.

¡Magdi, vuelve!

Finalmente, la enfermedad de Parkinson mató a Imre. Tras aguantar los sufrimientos que acarreaba su estado, el hombre de la literatura más oscura murió en Budapest, ciudad natal a la que había acabado regresando. Magda nunca había estado en Venecia y soñaba con descubrirla. Por teléfono, tratando de consolarla, creía haberla convencido —la vida debe continuar— para que viniera próximamente y yo le enseñase todo, los barrios secretos, la laguna, las iglesias, todo. Magda llevaba mucho tiempo sin ir a ninguna parte, enclaustrada con el hombre impedido y a menudo infernal, velándolo, cargándolo en brazos.

Yo quería a Magda tanto como a Imre, quizá incluso más. Él era el hombre célebre, pero ella era muy cariñosa, muy divertida, dueña de una fantasía espontánea que me recordaba a mis abuelos y a otros personajes desaparecidos de mi infancia.

Conocí a Imre en 2005 durante una entrega de premios en Berlín. Solo hablaba húngaro y alemán, y yo, ninguna de esas dos lenguas (aparte de algunas palabras sueltas en húngaro —palabrotas— y una canción). El embajador de aquel entonces, Claude Martin, ejerció de intérprete y permitió que hablásemos con cierta alegría.

Nos vimos un año más tarde en París. Yo todavía no conocía a Magda. Habíamos quedado en el vestíbulo del Plaza Athénée a las ocho. Los esperaba junto con Alan y Marlyse Riding, quienes habían vuelto a ponernos en contacto. Imre y Magda aparecieron a las ocho y diez pidiendo perdón por el retraso; en el momento en que se disponían a salir de la habitación, habían visto por la ventana la iluminación parpadeante de la torre Eiffel. Era la primera vez que volvían a París desde el Premio Nobel, y ahora gozaban de un tratamiento completamente distinto. Aquel titilar milagroso, tan cercano, los había maravillado, al igual que el hotel y la habitación de lujo. Expresaban un júbilo infantil que creo que nunca había observado en personas de su edad y que me llevó a quererlos para siempre.

Nos vimos con frecuencia hasta la muerte de Imre en 2016. En París (tengo fotos de ellos con mi ya difunta madre) o en Berlín. Yo hablaba en inglés y Magda nos traducía. Cuando Imre tuvo que renunciar a los viajes ya solo nos veíamos en Alemania, o bien nos llamábamos por teléfono. Primero conversábamos Magda y yo, hasta que me decía: «Te pongo con Imre». Pronunciaba una frase en húngaro que incluía mi nombre y se retiraba entre risas. ¡Nos dejaba solos al teléfono sin lengua común! Yo oía sus carcajadas maravillosas desde la cocina. Nosotros también nos reíamos, hasta que Imre exclamaba: «*Magdi! Magdi gyere vissza!*». ¡Magdi, vuelve!

En septiembre de 2016 apareció en mi bandeja de entrada un correo de Magda. Alegría.

43

Alegría. De inmediato me puse a pensar en nuestro viaje a Venecia.

Era una esquela. Firmada por el hijo que tuvo de un primer matrimonio y al que yo no conocía porque vivía en Chicago.

Magda había muerto. Había sobrevivido a Imre apenas unos meses.

Amigos que no he conocido en vida
Diane Arbus

Entre los muertos tengo bastantes amigos.

Están los que he conocido en vida y los otros. Estos últimos no saben (¿o tal vez sí?) que soy su amiga.

Todos han embellecido mi existencia.

La pequeña multitud que constituyen en un más allá indefinido hace que la muerte me resulte aceptable.

Entre ellos se encuentra Diane Arbus, que se suicidó en 1971 con cuarenta y ocho años.

En una inmovilidad casi constante y en penumbras vacías, Arbus se dedicó a fotografiar a seres solos, abandonados al esfuerzo de sobrevivir, soledades maquilladas y cubiertas de las mil baratijas del aparentar.

Una travesti está tumbada en una cama.

Es tirando a gorda, lleva un salto de cama negro, una especie de muselina transparente que permite adivinar sus pechos. Dobla una pierna desnuda bajo la otra en una postura posiblemente erótica. La permanente rubia evidencia unas raíces negras. Creo distinguir un pendiente tipo argolla. Las cejas están depiladas, el semblante cansado y abotagado recuerda al de un hombre.

El cubrecama o cubresofá (pues la cartela reza *Transvestite on a couch N.Y.C.*, 1966) tiene un estampado de lacería de ramas frondosas. ¿Es su casa o un hotel? No hay ningún objeto por medio. Las paredes están vacías y los periódicos que se distinguen sobre una mesa en el borde del encuadre no revelan nada. La frialdad impersonal del tejido hace pensar en un hotel. En el fondo no tiene importancia, lo que cuenta es la impresión de ninguna parte, de presencia ocasional, azarosa, de irrelevancia del espacio. No hay más que una criatura sola, expuesta sobre el estampado decorativo, la lasitud de su cuerpo. Una composición que excluye la idea misma de hogar.

La mirada de la modelo se demora justo a un lado del objetivo, como hacia una ventana en la que no viera nada, tiene un brazo desnudo apoyado en un cojín, las uñas pintadas.

¿Hace falta formular con palabras la perfección de la imagen?

La tristeza que veo en ella es inmensa. Con las palabras busco dónde se oculta.

Más tarde encontré en un libro dos fotos más de Vicky; así se llama, lo descubrí en ese momento. La primera está tomada en el mismo lugar, en el mismo sofá, de más cerca. La cartela dice: *Transvestite with a torn stocking N.Y.C.*, 1966. Vicky posa sentada de tres cuartos en picardías negro, con la media, en efecto, desgarrada en mitad del muslo. Lleva el pelo arreglado con tenacillas, la postura es más activa, más sexi. La encuentro en mejor forma (aunque no descarto que las dos fotos se tomaran el mismo día).

La última fotografía se hizo tres años después. Vicky sale sentada en el borde de una cama que parece a medio deshacer, al lado de un pastel blanco empezado en el que se distingue un *Happy Birthday* y una rosa de mazapán. Ataviada con una combinación clara de manga corta con encajes, pitillo en mano como lo sostendría un hombre, tiene los ojos pintados de negro y mira fijamente al objetivo. La cabeza es desproporcionada en relación con el cuerpo, el pelo está cardado a muerte y ahuecado al máximo hacia atrás. Es posible que se trate de una peluca. La cara ultramaquillada manifiesta el mismo cansancio y la proeza de perseverar. Las facciones son finas y hermosas a pesar del sobrepeso.

La propia Diane Arbus contó así la historia de esta última fotografía: «Me llamó y me dijo que era su cumpleaños y me preguntó si iría. Le dije que genial... La fiesta consistía en ella, yo, una amiga puta con su chulo y la tarta».

Corría el año 1969. Deben de haber muerto todos.

A mí, desde el momento en el que escribo, me inspira afecto esa modesta cuadrilla.

Pobre Olivier

Cuando Olivier Cappelaere aparece en la jaula de cristal con una sudadera multicolor, tiene el cuello extrañamente hinchado y la cara cuadrada endurecida por un corte de pelo también cuadrado. Un bloque hosco en armonía con su disposición psicológica.

«Caray. ¡No lo reconozco, qué gordo se ha puesto!». En el Palacio de Justicia de Niza, Suzanne Bailly ocupa estoicamente un asiento de malla de alambre concebido por un cabrón. Mona y muy erguida a sus ochenta y nueve años, lleva trajes sastre de lana y mocasines planos de imitación de serpiente.

A ella le compra Olivier en nuda propiedad, en 2005, un bonito apartamento de un dormitorio con terraza en Le Cannet.

Pasan diez años. Suzanne está sana como una pera, sigue conduciendo y lleva una vida la mar de agradable rodeada de sus amigas de la urbanización. A Olivier, en cambio, no le luce tanto el pelo. Acaban de despedirlo y tiene problemas económicos.

¿Por qué seguir cargando con esta renta?

En enero de 2015 se cuela en casa de Suzanne en su ausencia y vierte unas gotas de atropina en una botella de agua mineral. Una dosis echada al azar que aun así manda a Suzanne al hospital con absoluta urgencia. «Posible derrame cerebral», dicen.

Se salva.

Olivier vuelve a las andadas un mes más tarde. Mismos síntomas, afasia, ojos en blanco, extremidades desmadejadas. Suzanne sale de nuevo adelante tras pasar diez días en coma y otro falso diagnóstico de derrame cerebral.

Olivier es tenaz. «Se había dado entre tres y seis meses para *resituarse* desde el punto de vista económico», afirma un psicólogo. Regresa el 7 de abril. Martes por la mañana, día de peluquería de Suzanne. Ya está curtido y vierte sin vacilar en la botella una dosis de atropina más significativa. Como es ya costumbre, deja la puerta de la calle abierta para oír los pasos de Suzanne en la escalera si llega antes de la cuenta... Mala suerte, la puerta sin cerrar atrae a Annie Roy, la vecina del rellano.

Maravillosa Annie en el estrado. Metro cuarenta y cinco, ochenta y nueve años, acento meridional. Ni cuello ni trasero, un jersey beis con estrás negro por encima de unos leggings. «¿Qué quiere que le diga?... No la vi. La puerta del cuarto de baño estaba cerrada. Dije: Suzanne, ¿cómo está usted? ¿Está bien? Oí un gruñido y pregunté: ¿Está bien? Una voz muy rara dijo que sí. Y yo: ¡Bien no parece que esté, tiene la voz rara, Suzanne! En ese momento sonó el teléfono de mi casa y salí corriendo a cogerlo».

Al otro lado de la línea, silencio. Cuando Annie Roy vuelve a casa de Suzanne Bailly, el apartamento está vacío. La investigación determina que la llamada se hizo desde el teléfono móvil de Olivier Cappelaere (como miembro de la comunidad de vecinos, tenía los números de los demás propietarios). Sentado en el retrete se le ocurrió la artimaña de ahuyentarla para poder huir.

Suzanne regresa a la hora de almorzar. Se sirve un vaso de agua mineral... Se siente rara. Llama enseguida a Gabriel Marino, más conocido como Gaby. Gaby es el hombre de confianza, el que echa una mano con lo que haga falta: fontanería, bricolaje, maletas, entregas de mensajeros... «¡Otra vez! ¡Otra vez!». Gaby llega de inmediato. «Prueba el agua, me ha sabido rara». Él bebe y se pone otro vaso para asegurarse. Suzanne se encuentra cada vez peor. Gaby llama a «la Samu». Sigue a la ambulancia con su coche. En el hospital le piden que se marche. De camino a casa se le nubla la vista y no se siente las piernas. «De pronto no veía nada», declara al tribunal con voz sepulcral el mismo hombre al que hemos visto con su chupa de cuero acolchada todo jovial y bromista durante todas las pausas de la audiencia.

Su mujer lo traslada a urgencias. Gaby delira. Los médicos no encuentran la causa de sus síntomas. Cuando recupera un poco la conciencia, Gaby pregunta por Suzanne y cuenta que los dos bebieron de la misma agua mineral... El hospital avisa a la policía.

En casa de Suzanne, los agentes recuperan la botella. El análisis revela una alta concentración de atropina. La misma que se halla en la sangre y la orina tanto de Suzanne como de Gaby. Ella ha ingerido una dosis casi letal. Esta vez la tratan según lo que tiene. Vuelve a salvar el pellejo, de milagro. A costa de varias semanas incapacitada de las que conservará secuelas.

En el estrado, Suzanne dice: «Ese año venía muy a menudo, y eso que antes nunca lo veíamos por allí. Venía a recabar información. Entre nosotras bromeábamos, ¡venía a comprobar si había estirado la pata!». Todos los presentes en la sala se ríen… ¡Olivier Cappelaere también! Es el único momento en que se deja llevar.

Porque Olivier Cappelaere niega en redondo los hechos que se le recriminan. Lo niega absolutamente todo. La fabricación de un duplicado de las llaves, el envenenamiento, los problemas económicos. Sin vehemencia, con una calma siniestra. Un hombre herido por culpa de una grave equivocación del prójimo. Por lo demás, durante el juicio agacha la cabeza con frecuencia, afligido por lo que oye.

La víctima es él.

Sin embargo, todo lo inculpa. Las cajas que contienen ampollas monodosis con un uno por ciento de atropina halladas en su domicilio en forma de colirio veterinario, las búsquedas en internet efectuadas en navegación privada, los testimonios de las amigas de la urbanización, todo.

En la sala de audiencias no hay apenas lugar para la duda razonable.

Olivier Cappelaere ha optado por la vía de la negación. Pobre Olivier. «Arrastrado por el barro, humillado», afirma. Los hechos se empecinan en llevarle la contraria. Una serie de malentendidos y persecuciones... La atropina hallada en su domicilio era «para [su] perro Calvin», un colirio que le había recetado el veterinario. La llave del piso de Suzanne se la había dado ella misma. Él había entrado a escondidas, una indiscreción, desde luego, pero solo para hacer unas fotos porque planeaba vender el inmueble, no para fabricar un brebaje letal. Sí, cuando la señora Roy lo pilló *in fraganti* se encerró en el aseo e imitó la voz de Suzanne. Sí, llamó a la señora Roy desde su móvil para echarla, pero solo porque le daba vergüenza estar allí sin permiso...

Mientras él habla, su abogado agacha la cabeza, su cuerpo se repliega imperceptiblemente. Llega un momento en el que solo se ve sobresalir del escritorio su cabello.

¿Qué ha hecho a lo largo de estos cuatro años de prisión preventiva sino rumiar su propia virtud? Cuatro años de encierro, músculos y tendones solidificados para forjar este bloque de refutación. ¿Con qué esperanza? ¿No es ese el único enigma de esta historia? Nadie lo cree. Él lo sabe, lo ve. ¿Qué beneficio, qué fortalecimiento del ser podrá extraer de semejante obstinación?

Olivier Cappelaere se queda solo.

Nadie puede seguirlo en el bosque espinoso y amargo en el que se adentra.

El tribunal lo condena a veinte años de reclusión criminal. Él se levanta y da media vuelta

para salir del habitáculo con su sudadera color
pelo de camello.

Niza - marzo de 2019 - Tribunal Penal de Alpes-
Maritimes

Por error

Nicole y yo cenamos una noche de invierno en mi cocina.

Una de esas veladas tristes. Estamos cansadas, hablamos de temas descorazonadores. Trabajo, amores, todo va mal. La acompaño a la puerta más o menos a medianoche. Nos despedimos con dos besos.

Dejo la puerta abierta mientras ella baja andando las escaleras. Oigo sus pasos.

De pronto, calculo que estará ya en el primero, oigo una voz que canta. ¡Está cantando! Me asomo por la barandilla y exclamo:

—¡Estás cantando!

—¡No, no, ha sido por error! —responde Nicole—. Justo me estaba diciendo: pero ¿por qué cantas?

El ahijado del alma

El último día de la vida de Jacqueline Imbert sale todo a pedir de boca. Sus dos sobrinas la llevan al cementerio para que ponga flores en las tumbas de la familia, entre ellas la de su marido, Émile (más conocido como Milou), almuerzan en un buen restaurante y van hasta Théoule-sur-Mer para dar un paseo.

Jacqueline regresa a su casa en Le Cannet feliz y en plena forma. Tiene noventa y dos años, se mete en la cama enseguida.

A la mañana siguiente, un antiguo vecino, un hombre de unos cuarenta años que desde que Jacqueline enviudó se ha convertido en su ángel de la guarda y «ahijado del alma», acude a la casa para comprobar que va todo bien. Afirmará que no le cogía el teléfono. Tiene las llaves. A las ocho llama al Samu porque ha encontrado a Jacqueline ardiendo y precomatosa. Mientras habla con el operador murmura varios «estoy aquí, estoy aquí» de consuelo.

El médico que acude a la casa ordena hospitalizar a Jacqueline, que morirá dos días más tarde sin haber recuperado la conciencia.

Jacqueline no tiene hijos. Unos meses antes ha convertido en heredero universal al hombre que la acompaña en su lecho de muerte. ¡Ah, se lo merece! Nadie la ha cuidado tanto desde que murió su Milou. Siempre al otro lado de la línea, simpático a más no poder, dispuesto a salir corriendo para resolver cualquier problema doméstico, encantado de cambiar sus planes para almorzar o cenar con ella al menos una vez por semana. Una dedicación que impresiona incluso a Évelyne y Marie-Martine, las sobrinas de Jacqueline. ¿Y qué decir de las notitas que deja cada mañana en su buzón, aderezadas con corazoncitos y florecillas?

Él recibe con llaneza la herencia de seiscientos mil euros (bienes inmuebles, seguro de vida, venta de diversos objetos…). Y, cosas del azar, a falta de atenuar su pena, ese dinero le permite saldar una cuantiosa deuda empresarial (su sociedad se ha declarado en bancarrota).

Así están las cosas.

Pasan los meses.

Bajo las hojas nacientes de un día de primavera, Évelyne lee tranquilamente el *Nice-Matin*.

El periódico dedica un largo artículo a la imputación de un hombre por el envenenamiento, dos años atrás, de una octogenaria de Le Cannet a la que le había comprado el piso en nuda propiedad. Un tal Olivier C., exgerente de una empresa mayorista de carnes.

¿Olivier C., el vecino tan considerado? ¿El heredero?

Évelyne recuerda la muerte brutal e imprevisible de su tía.

Habla con su hermana y se presenta en comisaría.

El fiscal ordena una investigación, se exhuma el cuerpo de Jacqueline.

Los análisis de corazón, cabello e hígado revelan una concentración anormal de atropina. «El fallecimiento de Jacqueline Imbert se debió claramente a una intoxicación por atropina», concluye el informe de la autopsia.

Así es como reaparece en la misma jaula de cristal del tribunal de Niza, tres años más tarde, el mismo bloque cuadrado y taciturno, a pesar de un nuevo toque de ostensible dolor, Olivier Cappelaere.

Se presenta en polo de sport (ahora tiene tetas) con un número 3 en las mangas y un elefante en la pechera.

«Lo primero que quiero decir es que me acuerdo mucho de Jacqueline Imbert. Nunca jamás habría sido capaz de envenenar a la señora Imbert. Jamás podría haberle hecho algo así. La quería demasiado».

Por lo que dice, es un santo. Habla con voz dulce, amorosa, sufre mucho. No le extraña que el tribunal sospeche de él (no lo formula así, pero su tono lo da a entender).

Se describe como hijo afectuoso y protector, no hablaría en otros términos de su propia madre o de una amante adorada. Básicamente, nadie en el mundo conocía mejor a Jacqueline que él, nadie en el mundo la cuidaba con tanto amor y diligencia. Se pone cada vez más colorado. A ratos le tiembla la voz. Está muy metido en su papel. Menciona nombres, Évelyne, Najat (la empleada doméstica de Jacqueline), Milou, Jacqueline esto, Jacqueline lo otro, Marie-Martine, está al tanto de su vida entera. Le complace banalizarlo todo, todo es sencillo, todo desprende la dulce simplicidad de las relaciones serenas. «Siempre me presentó como su ahijado». Levanta los ojos hacia el cielo para compartir con la difunta tan encantadora licencia. «La realidad daba igual. Yo la llamaba madrina». Este recuerdo le dibuja una sonrisa.

Le mencionan la evolución del testamento de Jacqueline (un seguro de vida a nombre de Évelyne, posteriormente repartido a partes iguales, y por fin la totalidad a su exclusivo beneficio, con una casa en el interior de la región, por si fuera poco).

Con tranquila afabilidad, Olivier comenta:

—Sí, cosas de la vida. Nuestra relación era así, nos queríamos, qué les voy a contar.

—¿Por qué se negó a que acudiera la ambulancia y solicitó un médico privado?

—No quería que la ingresaran en el hospital. Ella se habría negado. A Jacqueline no le gustaban los hospitales.

(¿Y a quién sí?).

Un hombre respetuoso y compasivo. Sí.

Una lástima que de nuevo todo conspire contra él.

Su presencia exclusiva en compañía de Jacqueline la noche fatal, el elevado endeudamiento, la venta de todos los bienes —joyas, ropa de «su madrina»— justo después del fallecimiento, la atropina mortífera procedente del mismo colirio para perros que en el caso de Suzanne Bailly y en una concentración cuarenta veces superior a la dosis terapéutica...

Es cierto que la sombra de Suzanne Bailly planea de un modo deplorable.

«Considero que lo catastrófico en este expediente son los horribles hechos que cometí contra la señora Bailly. Unos hechos que, por lo demás, yo negué en un principio». Le conmueve su propia sinceridad. Está al borde del llanto. «Esta amalgama de expedientes ha tomado visos de trampa». En la sala, en una pantalla, se lee la lista de objetos que Olivier Cappelaere le presentó al perito tasador para su venta el mismo día del fallecimiento de Jacqueline. Una cubitera para champán, frascos de perfume, un reloj Hermès, dieciocho fulares y *carrés* también Hermès, vasijas, jarrones, seis abrigos Burberry, cristalerías, cuberterías Christofle, una cadenita, una caja de marquetería, un recogemigas... Un inventario cuyo valor asciende a mil seiscientos noventa y ocho euros. Inventario de tesoros silenciosos guardados con mimo, tejidos bien planchados, doblados, objetos valiosos y cordiales que acabarán sabe Dios dónde, repartidos por manos indiferentes.

Olivier Cappelaere hizo tabla rasa de la vida de su queridísima madrina.

No regaló nada a las dos sobrinas ni se quedó ningún recuerdo.

«No quería que el apartamento de Jacqueline se convirtiera en un mausoleo». Se abanica con una cartulina. «Con la perspectiva que da el tiempo, reconozco que fui torpe y desconsiderado».

Pobre Olivier, que tendrá tiempo de sobra de meditar sobre su destino de incomprendido.

Esta vez le espera cadena perpetua con una pena mínima de veintidós años.

Niza - mayo de 2022 - Tribunal Penal de Alpes-Maritimes

Venganza

En la televisión, devuelven finalmente a una niña secuestrada a su familia después de cuarenta y ocho horas. Han hallado al agresor, un agricultor que a su vez es padre de familia.

El fiscal indica que la niña no ha sufrido agresiones, pero que el sospechoso ha incurrido en conducta indecente.

La madre declara tras la detención. Un bloque de odio. Dice: «Espero que no lo dejen salir nunca e incluso algo más».

Hace unos años leí en la prensa que la madre de un niño de ocho años que murió en el atentado de Boston solicitaba al jurado que no optase por la pena de muerte. Me conmovió aquella mujer que reunía fuerzas para resistir al absoluto de la venganza.

Incluso me dije, en un arrebato novelesco, que algunas personas encarnaban «el escándalo del perdón», por emplear la expresión de Jankélévitch.

Tras leer la totalidad del artículo resultó que la madre juzgaba demasiado clemente esa sentencia, pues el acusado podría ir pasando tranquilamente de apelación en apelación en lugar de pudrirse en las tinieblas de un calabozo.

Desembrujar

Mamat Laaraj trabaja en su casa como mujer de la limpieza desde hace mucho tiempo. La conocieron cuando era muy joven y la tutean. Desde que los niños son mayores, Mamat ya no va tanto.

Mi hermana Saideh y su marido son psicoterapeutas.

Los hechos se remontan a unos diez años atrás, cuando vivían en Burdeos, en la rue Sainte-Philomène.

Patrick tenía la costumbre de guardar en un cajón el dinero en metálico que le abonaban sus pacientes.

Un día se da cuenta de que falta un billete de veinte euros. Duda, cuenta de nuevo, hace la prueba en varias ocasiones más. Cada vez que Mamat está sola en la casa desaparecen uno o dos billetes de veinte euros.

Los roba Mamat.

Desde hace un tiempo, ella sonríe menos. Dice que duerme mal. Incluso le ha confiado a Saideh que ha encontrado leche cortada delante de la puerta de su casa.

Mi hermana reacciona primero con consternación y luego se pregunta si Mamat no estará embrujada. Comparte su preocupación con Patrick, que no desestima la posibilidad. Saideh llama a su amiga Francine, la chamana que vive en París, y le manda una foto de Mamat Laaraj.

Francine es categórica. Esa mujer está bajo la influencia de entidades malignas, tanto en su cuerpo como en su domicilio; las entidades son ánimas de difuntos que en lugar de elevarse se aferran a los vivos.

El trabajo de liberación es importante, explica.

Si mi hermana está de acuerdo con las condiciones económicas, Francine le propone que lleve a cabo ella misma el trabajo siguiendo las directrices que le dará por teléfono.

Francine ha formado a mi hermana en la detección de entidades durante un cursillo de magnetismo.

Cuando Patrick y Saideh interrogan a Mamat a propósito de los robos, ella se muestra escandalizada y lo niega todo con vehemencia. Saideh apela a sus sentimientos, le recuerda su mal humor y la leche cortada. «Tienes espíritus encima, no eres la misma de siempre», le dice. Le propone el desencantamiento y la *limpieza* de su piso.

Mamat se echa a llorar, abrumada de vergüenza, se pone casi de rodillas y accede a someterse al ritual.

Dos días más tarde, las dos mujeres, la judía y la musulmana, se encaminan a la iglesia de Saint-Louis-des-Chartrons (el ejercicio requiere terreno sagrado), siguiendo las instrucciones de Francine, que las acompaña desde el otro lado de la línea.

Se detienen delante de una estatua de santa Teresa de Lisieux. Mamat se ha puesto un pañuelo para la ocasión. Mi hermana recibe la orden de colocarse detrás de ella.

Saideh recita las oraciones que le dicta Francine. Se trata de convencer a la entidad de que regrese a la luz (por ahora está agarrada al omóplato de Mamat).

De repente Mamat profiere un grito, se retuerce y cae de espaldas. Saideh la recibe en sus brazos y juntas están a punto de acabar en el suelo.

A través del auricular, Francine explica: «Listo, la entidad acaba de marcharse».

Se dirigen entonces al barrio donde vive Mamat.

Solo Saideh puede entrar en el apartamento. El mobiliario es íntegramente marroquí, Saideh se traslada de un sitio a otro con un péndulo. Localiza tres entidades. Conjuros, incienso, velas, Francine sigue al otro lado de la línea. Mi hermana me cuenta que hay que dirigirse con amabilidad a los espíritus porque son almas desdichadas.

Al cabo de media hora, no sin haber quemado varias varas de salvia, mi hermana sale del piso y le anuncia a Mamat Laaraj que su casa está limpia, que ya solo falta que se dé una ducha de sal.

Todo vuelve a la normalidad. Mamat recupera la sonrisa. Duerme bien. Deja de haber problemas en casa (Francine cobra doscientos euros por sus servicios).

Hace poco, mi hermana y mi cuñado se fueron de Burdeos para establecerse en un pueblo cerca, en Dordoña.

Siguen ejerciendo como psicoterapeutas.

Mamat los ayuda con la mudanza. Han acordado que ella mantenga las mismas horas de trabajo, solo que concentradas en un solo día de la semana; la ida y la vuelta se computan como dos horas.

A Mamat no le gusta el tren, acude en coche. Conduce un Mercedes.

Una mañana llega quejándose de la carretera. Había niebla y ha pasado miedo.

Al miércoles siguiente no se presenta. Dice que no quiere ir más, que está cansada. Reclama una carta de despido para poder cobrar el desempleo.

Saideh y Patrick lo consultan con el contable de Patrick. El contable, incompetente en la materia, los aconseja mal y ocasiona una pérdida de tiempo.

Una contrariedad que en circunstancias normales se habría resuelto sin dificultad.

Sin embargo, de la noche a la mañana, por un motivo que no queda claro, Mamat Laaraj se pone en contra de Saideh y Patrick. Se niega a dar explicaciones, tanto en persona como por vía telefónica, y, ya sin vestigio de sus vínculos pasados, los demanda por incumplimiento abusivo del contrato y les reclama veintisiete mil euros en concepto de daños y perjuicios.

Le digo a mi hermana:

—Mamat os robó, tenéis que mencionarlo para defenderos.

—¿Y contarles a los magistrados cómo la desembrujamos?

65

El presentador

Al término de la vista, la abogada interviene de pie detrás de su mesa, al otro lado de la cual se encuentra el acusado en uno de los asientos plegables. Como ella es bajita y él muy alto, las dos cabezas quedan a la misma altura.

Es una visión cuando menos curiosa.

El hombre no puede ignorar que está en primer término y trata por todos los medios de borrarse. Agacha la cabeza, se acaricia las uñas con celo. En un momento dado, opta por una inflexión hacia atrás del rostro, las pupilas absortas en el espacio, como si reflexionara, pero no aguanta así mucho rato. Finge distraerse con los ruidos de la sala, recoge las piernas demasiado relajadas, al oír una palabra esboza una sonrisa de conejo que solo se estira hacia arriba, pone los ojos azorados en blanco en busca de cristalización, sin obtener en ningún caso la más mínima anulación de su persona.

Es, por lo demás, el gran problema de Jean-Marc Morandini. Que no puede desembarazarse de sí mismo.

Perdido desde hace mucho tiempo en el cenagal bullicioso y vano del estrellato televisivo, embrutecido por los años de luces rutilantes, es su único referente y su único espectáculo.

Comparece con chaqueta de traje y vaqueros pitillo por unos hechos que se remontan a diez años atrás. Por entonces, Morandini es un rey del ente audiovisual francés, uno de los abanderados de esos *talk shows* tan populares que se celebran a ras de suelo. Tiene centenares de fans y seguidores. Jóvenes en su mayoría. Acuden de público a sus programas, utilizan los selfis que se han hecho con él como imagen de perfil en Twitter. Jean-Marc Morandini chatea en redes con algunos. Le divierte relacionarse con muchachos, en privado y por mensajes, no lleva a ninguna parte, mata ratos muertos, las barreras saltan poco a poco, pasan rápidamente del respeto a la picardía, el ídolo olvida su edad, la del fan ni se la plantea.

Dado que ni el pudor ni la delicadeza son la base de su fortuna, no es de extrañar que se informe de la orientación sexual de los chicos y de sus prácticas solitarias, que las preguntas se vuelvan cada vez más directas, que desee saber si se fijan en el pito de sus compañeros en la ducha del gimnasio o que exagere la faceta provocadora para recibir fotos de desnudos, todo ello envuelto en «lol», «jajaja» y toda clase de emoticonos risueños.

De los centenares de contactos de este tipo, seguro que muchos no tuvieron consecuencias o se interrumpieron. Los tres chicos que han llevado a Jean-Marc Morandini al banquillo del Tribunal Correccional por corrupción de menores también podrían haberse olvidado de aquellas conversaciones escabrosas, pero les fascina tanto el presentador como en general el mundo de los medios de comunicación. «Vivo en provincias, mis orígenes son modestos, era mi única puerta para acceder al sector audiovisual. Para mí era hablar con alguien de la élite», dice el más ultrajado.

Uno de ellos tenía dieciséis años en aquel entonces. Jean-Marc Morandini no conserva recuerdo alguno. No recuerda ni su nombre ni de lo que hablaron. En cuanto a la edad, le importa un bledo. Los mensajes de texto evidencian que el chico la menciona en varias ocasiones:

—Estoy esperando la foto...

—Es que soy menor. No quiero líos.

—Qué tiene eso de malo. Cada uno se divierte como quiere.

Reconoce un desvarío y bromas pesadas. Dice, sobre todo: «En la avalancha de conversaciones que mantenía, no me preguntaba quién era la persona». De otro muchacho, de quince años, sí que se acuerda. Sobre todo porque su padre puso fin a las conversaciones tras sorprenderlas en el teléfono del hijo: «Hablábamos de todo, sin tapujos, también de sexualidad. Charlas muy abiertas. Nos vacilábamos mutuamente. Era un chico muy maduro». Este acabó denunciando y luego desistió: «Lo he pensado mucho y no creo que sufriera ningún daño. Lo único que me ha causado perjuicio ha sido la publicidad que ha habido en torno a esta causa. Ha adquirido unas proporciones que yo no deseaba». Aunque está ausente, su caso sigue comentándose extensamente, ya que la fiscalía no ha abandonado el expediente.

Todas las partes civiles, los abogados de los demandantes (un tercero denuncia hechos acaecidos durante un casting) y los abogados de las asociaciones aluden a «la fragilidad del menor» que Jean-Marc Morandini «ni ve ni comprende».

—Cuando le cuenta que interrumpe la comunicación porque su madre le va a tomar la lección de historia, ¿a usted no se le enciende la bombilla?

—No. A mí mis padres me tomaron la lección hasta los veinticinco años.

El fiscal define la corrupción como la introducción de una persona mayor de edad en la esfera privada de un menor. En un arranque igual de brumoso, sostiene que la sexualidad de un joven solo puede desarrollarse con gente de su edad a la vez que recuerda que la corrupción de menores no es un concepto moral sino un delito.

La defensa se interna en más nebulosas cuando oímos que R., el segundo muchacho, no fue corrompido porque «en la actualidad es heterosexual al cien por cien, al doscientos por cien».

Mal que le pese al joven fiscal, que no ve más que la huella de la perversidad, la utilización incesante de emoticonos, «lol», «jajaja» y demás casa a la perfección con el tono *sex and fun* del personaje y de sus programas de televisión. Fuera tabús, todo es gag. «Te has empalmado? (nah, es coña)», «Has hecho un trío alguna vez? (ida de olla)». Palabras de usar y tirar sin consecuencias, no llevan a nada pero se echan unas risas.

El presentador se explaya tranquilamente en este universo volátil con sus aires de grandísimo zoquete, los fans (los demandantes) lo amaban por ello.

«En este expediente se juzga a partir de una moral muy relativa. Solo pido una cosa: que nos atengamos al código penal», declara Céline Lasek, segunda abogada del acusado, que detecta que la mayoría de las preguntas que le hacen a su cliente empiezan por un: «¿Le parece a usted normal que...?».

A media tarde, tras el receso, Jean-Marc Morandini vuelve al estrado.

Entretanto, sus abogadas han debido de soplarle que su desenfado tal vez no cause la mejor impresión.

Su semblante es serio. Se declara entonces «muy afectado por todo lo que ha oído» (un demandante ha perdido el sueño, otro —o el mismo— está en tratamiento con antidepresivos).

Hace un esfuerzo por interpretar correctamente al personaje del arrepentido a última hora de la jornada. «En ningún momento imaginé esto, lamento mucho las consecuencias».

Un giro demasiado brusco. Demasiado abatidas las facciones. Roza lo cómico pero le pone empeño.

Tal vez incluso busque dentro de él un rincón de autenticidad.

París - septiembre de 2022 - Tribunal Correccional

Absalón

Un día le dije a André: «Por fin he leído *¡Absalón, Absalón!*».

No le agradó mi tono.

No estaba, me dijo, de humor para oír la más mínima reserva hacia *¡Absalón, Absalón!* Estaba tratando de conciliar el sueño sin ayuda de somníferos y no tenía ninguna intención de tolerar que nadie relativizara un texto para él fundacional y grandioso. No le gustaba la manera en que yo, nada más llegar, nada más sentarme, lo había embestido con *¡Absalón, Absalón!* La desilusión —por no decir el escarnio— que se manifestaba en mi tono. No quería oír de mis labios ni una palabra más. Si yo no era capaz de adentrarme en el calor bochornoso, épico, deslumbrante, si prefería atenerme en materia literaria a la psicología a la francesa, que me aprovechara, pero que tuviera compasión y le ahorrase mis observaciones. Si me creía lo bastante lista para poder prescindir de Faulkner, como por lo demás de un modo inquietante había prescindido de Proust y de Dante, debía renunciar a esas tentativas de lectura azorada que solo conseguían ponerlo de los nervios. Él ya había dado por perdida la posibilidad de una comunión literaria, decía, a pesar de que por azar habíamos podido compartir ciertos afectos. Una simbiosis, añadió, aún más rara y fortuita en el caso del cine. Cómo olvidar mi entusiasmo por la *Babel* de González Iñárritu, una película que gracias a Dios él no había visto pero de la que deploraba la ambición abyecta y planetaria, recordaba mi embaimiento, mi incomprensible fascinación, decía, que a punto habían estado de acabar con él.

Discutíamos ya sobre películas en la playa de Cannes donde nos conocimos hace veinticinco años.

Tiempo después, una noche de invierno muy fría, al salir del restaurante italiano en el que le había hablado de *Babel*, me puse un gorro de lana. Él se ladeó un poco para observarme mejor y con tierno estupor y una carcajada maravillosa declaró: «¡Ay, querida! ¡Nunca he visto a nadie a quien le siente tan mal!».

Los hijos del labriego

Por teléfono, André me dice:

—¿Tú conocías a Mathieu G.?

—De oídas. Personalmente, no.

—Acaba de morir, fulminado en el metro.

—Era mayor, ¿no?

—En absoluto. Tenía mi edad. Me he quedado muy tocado, no he pegado ojo en toda la noche.

—Es una buena muerte.

—¿Ah, sí? ¿Así quieres morir tú?

—Sí.

—¿No quieres verla venir, prepararte como en las fábulas de La Fontaine, reunir a tus seres queridos al presentir tu muerte?

—No. Me da miedo la degradación, la enfermedad. Además, llevo preparándome desde siempre.

Se hace un silencio al otro lado de la línea, y a continuación André dice:

—En cualquier caso, es mejor morir acompañado.

Y, al ver que yo callo:

—Sí, tal vez sea mejor morir solo como una rata, sí, tienes razón, tal vez sea mejor así.

Su madre

La policía da el alto a un coche abollado en el distrito 17.

El copiloto, un chico de veintiún años, presenta una «protuberancia íntima», en román paladino, un fardo pequeño de cocaína en los calzoncillos.

Ya ha pasado varios meses en prisión por tráfico de estupefacientes.

Durante la detención se niega a entregar su teléfono con el pretexto de que contiene fotografías de su madre sin velo.

La presidenta: «Debería decirles a quienes le dan la formación que cambien de táctica. Ya no cuela. ¿Cree usted que a la policía le interesa la cara de su madre? Sin embargo, negarse a entregar el teléfono a la autoridad son tres años de prisión».

El chico es un tallo esbelto de pelo largo recogido hacia atrás. Tiene que agacharse para hablar al micro.

Cuando la fiscal habla él escucha, petrificado, con las manos juntas como un niño.

A continuación declara que aceptará los trabajos comunitarios, que quiere rehacer su vida. Habla sin convicción. No cuesta imaginarlo al fondo de un aula, aquí o allá, ni mezquino ni charlatán. El abogado dice «perdido».

¿Cuántos perdidos hay en esta sala n.º 10 o en las adyacentes?

Durante el receso, mientras deliberan los magistrados, el chico está de pie en el pasillo junto a una mujer menuda con un gorrito.

Es su madre, lo sé porque le arregla una manga con gesto de madre. Se ha cubierto el cabello con una campana de fieltro gris en lugar de con un velo.

Él es mucho más alto que ella. Guardan distancia con los demás presentes en la sala. No conversan. ¿Ha sido el chico el que ha deseado su presencia?

Bajo a pedir un café a la cafetería. Cuando regreso los sorprendo más lejos, solos, sentados en un banco pegado a una pared en la misma posición rígida, siempre en silencio. Hay un envoltorio transparente de barquillos encima del bolso de la madre. Los dos miran un punto fijo situado más allá de las escaleras mecánicas.

Su inmovilidad me hace pensar en la de las gaviotas que se posan en el estanque helado de los jardines de Luxemburgo. Idénticas a las estatuillas color escarcha, exploran todas el mismo vacío lejano.

París - enero de 2024 - Tribunal Correccional
- sala n.º 10

El señor Louette

El señor Louette comparece en libertad.

No es más que un personaje secundario. El juicio no lleva su nombre.

Está sentado en una silla delante del estrado del tribunal, inmóvil, con las manos juntas encima de los muslos.

Dos años antes, un jueves de febrero, a las cuatro de la madrugada, en la cabecera de la línea 44, estación de Garges-Sarcelles, el señor Louette asistió a la siguiente escena: un conductor echó de su autobús a un vagabundo que se negaba a apearse. El hombre quedó tirado en el suelo con los brazos en cruz. Murió. El señor Louette no hizo nada por socorrerlo ni llamó a los servicios de emergencias.

En el Tribunal Penal de Pontoise está acusado de omisión del deber de socorro.

El señor Louette tiene cincuenta y cuatro años. Vive con su madre. Siempre ha vivido en la casa de sus progenitores. Es impresor, como lo fue su padre. Gana mil trescientos euros netos.

—¿A qué se dedicaba su madre?

—Era criada.

—¿Que era qué?

—Criada.

—Ah. Empleada de hogar.

No está casado, no tiene hijos. Dejó los estudios en tercero de secundaria y luego cursó una formación profesional en impresión gráfica.

Vive en L'Isle-Adam (en el departamento de Val-d'Oise), y trabaja en Lieusaint (Seine-et-Marne) desde que su empresa se trasladó a unas instalaciones más grandes. Tres horas de trayecto por las mañanas, lo mismo por las tardes. Al principio cogía el tren de las cuatro cuarenta y cinco en L'Isle-Adam, pero llegaba al exterior de la gare du Nord y debía bajar a la zona subterránea para coger el cercanías. Desde hace unos meses, Jean-Michel, un vecino barrendero, lo deja en el aparcamiento de Garges-Sarcelles a las cuatro de la mañana, donde espera que abra la estación para coger el primer tren, el de las cinco y diez. Este cambio alarga el trayecto casi una hora, pero el enlace en la parte subterránea de gare du Nord es más sencillo y de esta manera tiene algo así como una amistad matinal.

El señor Louette se acomoda todos los días en el mismo sitio, en un banco de madera con el indicador de las líneas de autobús y los horarios al lado.

—Se sienta ahí solo a esperar.

—Sí.

—Pero pasa gente.

—Sí. Chavalería. A veces me escupen.

Jóvenes dispersos, salidos de las entrañas de la noche, que hablan en idiomas extranjeros y tienen sus motivos para maltratarlo por su mera presencia ahí, ocupando el territorio del banco, alto, corpulento, rústico y hosco.

Cuando abre la estación, ayuda al quiosquero a meter los fardos de periódicos y le da la mano, igual que se la da a los chóferes de autobús que ve todas las mañanas.

Los conductores dejan en la cabecera de línea a los últimos pasajeros nocturnos y reanudan la ruta unos metros más allá con los primeros pasajeros del día. Durante el juicio se dice que la gente de la noche es complicada. Sobre todo en la línea 44. Gare de l'Est, Marcadet, Saint-Denis, drogatas, putas, camellos, borrachuzos. La gente diurna es otro cantar. En la última parada, un chófer expulsa del autobús a un indigente que no quería bajar. El conductor lo agarra por la bufanda, el tipo se aferra a la barra y acaba aterrizando en el asfalto de mala manera.

Queda tendido en el suelo con los brazos en cruz. Ya en una ocasión hizo el numerito del desmayo falso en gare de l'Est.

El señor Louette anda por allí. Ha visto la escena. Pero ¿qué ve uno cuando carece de certezas sobre su propia presencia en el mundo?

El señor Louette no es más que el invitado de la estación. Él no se mete en nada, aunque sea un habitual. Está sin estar. Su vida entera es así. No pertenece a nada. Se remite a otros. En estos sitios, el chófer es el rey. El responsable tanto de las personas a las que lleva como de la máquina de servicio público. Al señor Louette no se le ocurriría cuestionar la autoridad del conductor que deja al vagabundo en el suelo por creerlo borracho y se va tranquilamente a mover su vehículo.

—¿Y no tiene usted teléfono móvil?

—No.

—¿Por qué?

—...

—¿Nunca ha estado casado?

—No.

—¿Alguna relación?

—Tuve una relación durante ocho años. Ella murió.

—¿Una relación íntima?

—Sí. Íbamos a restaurantes. Salíamos.

—¿Tenían relaciones más íntimas?

—No.

—¿Relaciones sexuales no?

—No.

En las imágenes de vídeo grabadas dentro del autobús en Sarcelles, tanto en la última parada como cuando este recorre los escasos metros hasta la salida siguiente, y también estando parado durante los diez minutos de pausa del conductor, se ve esporádicamente la silueta maciza del señor Louette vagar detrás de las ventanillas.

En circunstancias normales uno no se fija en esos personajes que esperan a horas hostiles, vías de tren, ventanillas cerradas, paradas de autocar, carreteras desiertas.

¿Es culpable el señor Louette de no haber reaccionado, de no haber prestado socorro?

En su opinión, él no tiene suficiente entidad para inmiscuirse en nada. Su conciencia se fraguó a base de vergüenza, temor, sentimiento de inferioridad.

El abogado de oficio dice: «El señor Louette es lo que es. No podemos arrojar el código penal con toda su frialdad a lo que es el señor Louette».

Pontoise - febrero de 2019 - Tribunal Penal de Val-d'Oise

Un aburrimiento opresivo

En septiembre de 2021 recibí por correo los dos últimos libros de Roberto Calasso, *Bobi* y *Memè Scianca*.

Los abrí esperando absurdamente leer en ellos, como de costumbre, una notita breve y encantadora.

No había nada.

Era la confirmación de su muerte.

Le debo a Roberto Calasso la alegría de contarme entre los escritores de Adelphi, la extraordinaria editorial que fundó y que dirigía en Milán.

En la vida compartimos amistades, sobre todo la de Teresa Cremisi y los Kundera. Leyendo *Memè Scianca* descubrí que compartíamos un precoz (y permanente) amor literario: *Cumbres borrascosas*, de Emily Brontë.

No sería capaz de definir nuestro vínculo. Reíamos y nos escribíamos. Me enviaba sus libros. Yo leía los pasajes que no me resultaban demasiado complicados en su lengua. Acabé atreviéndome a escribirle en italiano.

Nos reímos todas las veces que nos vimos. Una risa inefable, de complicidad íntima, que nació el día en que comentamos juntos nuestro primer encuentro.

Fue en 2013. Teresa Cremisi y Jorge Herralde le habían hablado de mi trabajo. Él había leído *Felices los felices* y se disponía a publicarlo en Italia.

Teresa había organizado un encuentro en París, en su oficina de Flammarion, cuyos ventanales dan al teatro del Odeón.

Nos presentaron brevemente y la puerta se cerró en silencio.

Roberto se puso a hablarme del texto sin dilación. Una exposición amable y detallada, aderezada de ciertas reservas pero sin gravedad desde su punto de vista.

Yo en cambio no pronuncié ni una palabra, por no tener ni motivos ni margen para ello.

Tan pronto como terminó su soliloquio, se aburrió. Un aburrimiento fatal y opresivo. Se acercó a la ventana para comprobar si el taxi que la asistente había pedido había llegado ya. Como no lo vio, abrió la puerta para preguntar. Nadie. Regresó a la ventana y adoptó una postura de angustia y abatimiento. Salí de la estancia para ir a buscar a alguien.

Mientras él escudriñaba la calle, con el abrigo abotonado de arriba abajo, nos avisaron de que el taxi estaba ya en camino. Se reanimó un poco y bajamos juntos.

Esperamos en la acera en silencio.

Como íbamos los dos en la misma dirección, le pedí permiso para acompañarlo durante un tramo del camino. Vi desfilar por sus ojos el espanto, el pobre ya creía que se había librado de mí. En el taxi encontramos un pequeño tema de conversación, la montaña y Suiza. Así nos entretuvimos hasta la rue de Sèvres, donde nos despedimos.

Varios días más tarde le narré el encuentro a Milan y Vera. Se partieron de risa y lo llamaron para saber por qué se había aburrido conmigo. Roberto contestó: «Ah, ¿se dio cuenta?».

El *drug lord*

Geográficamente tenemos a un lado de la sala al gánster británico en su banquillo, rodeado de cinco polis con pasamontañas negros, chalecos antibalas, armas y pistolas táser, y al otro lado a dos hombres libres en los asientos plegables laterales.

A los tres los están juzgando por «falsificación, violación del secreto profesional y fraude procesal en grado de tentativa».

Robert Dawes, el gánster, expía una pena de veintidós años de reclusión criminal por entregar en Francia una tonelada y media de cocaína.

Xavier Nogueras y Joseph Cohen-Sabban fueron sus abogados durante el juicio.

Presentaron al tribunal un documento que presuntamente invalidaría todo el procedimiento, pero era falso.

¿Quién lo concibió? ¿Quién sabía qué? Es mucho preguntar. Lo que está claro es que nadie se preocupó demasiado por la procedencia de aquel documento.

En la cosmovisión de Robert Dawes, la palabra «abogado» significa cómplice o títere manipulable.

Dawes es un *drug lord*, un capo de la droga.

En la sala solo cuenta con su abogado defensor.

Nogueras, con aires de dandi, pantalón muy ajustado, chaqueta corta a la inglesa, no para quieto en su asiento. Cohen-Sabban, menudo, encorvado y rollizo, mueve el brazo roto en cabestrillo de una posición a otra con una lentitud hipnótica, como un hombre camino de la hoguera y tocado por la gracia.

Dos generaciones, simpáticos y conmovedores a su manera, seguramente más negligentes que falsificadores, dos temerarios que se juegan mucho y, sobre todo, la toga.

Tienen de su parte a la totalidad del público, a los amigos, a la prensa, a sus incontables colegas.

Acuden a darles palmadas en la espalda, a abrazarlos, a animarlos.

El capo está solo y a nadie le extraña.

Cara redonda y pelo rubicundo, la boca pegada a las fosas nasales, embutido en un *total look* beis (el *look* inofensivo que reutilizará dos días más tarde para su interrogatorio), escucha la letanía de la acusación detrás de su cristal, balanceándose con indiferencia apoyado en la repisa que bordea su jaula. Tiene cuarenta y nueve años. Durante este juicio alternará dos atuendos casi idénticos que ciñen una mezcla de músculo y adiposidad: el negro adecuado a su reputación, el claro al más puro estilo de un tribunal o de una merienda infantil en Somerset. Un binarismo estricto en perfecta armonía con la clase de hombre que es, sin afectación, sin sutilezas inútiles. Un mundo sin pérdida de tiempo.

Su línea de defensa no puede ser más sencilla. Dawes es blanco como la nieve. Siempre lo ha sido. ¿Que su expediente penal abarca dieciocho antecedentes? Pequeños asaltos, robos, conducir sin carné, trapicheos de nada. ¡Tenía once años! ¡El último caso data de hace más de treinta años! «Yo nací en Nottingham. ¿Han visto ustedes *Billy Elliot*? Todo el mundo tenía la misma infancia en Nottingham».

¿Su estatus de capo? «Un cuento ridículo». Él no es más que un simple emprendedor, un tipo que vende muebles en España, que ha triunfado en el sector inmobiliario y la lavandería industrial con hoteles en Dubái. Una existencia normal de hombre de negocios. «Siempre he tenido empresas. Siempre he pagado mis impuestos. No llevo una vida extravagante». ¿Un lío de cheques con un socio? Una nimiedad. ¿Quién lo conocía antes de este lamentable asunto? Ni una sola vez aparece su nombre en internet. «Antes de que me detuvieran yo nunca había salido en la prensa. La policía se agenció un periodista para que difundiera lo que a ellos les daba la gana. Pura instrumentalización». ¿Las escuchas de la Guardia Civil que lo hundieron? «Nunca dije nada que demostrase que fui yo. ¡Me condenaron a veintidós años sin yo haber oído ni una sola vez esos audios!». ¿El tipo del cártel de Cali con el que se veía en un hotel de Madrid? «Eso no tuvo nada que ver con drogas. Quería hacer negocios conmigo, venderme unos diamantes». Por supuesto que lo han encarcelado por error, víctima de las fuerzas policiales británicas, de un expediente español incompleto, de esa maldita «falsificación» que ignora por completo y que no ha hecho más que perjudicarlo, pero sobre todo de la incompetencia de sus abogados, unos idiotas, unos inútiles.

«¿Laurel y Hardy qué hacían? ¡Dormir, dormir en vez de trabajar en mi caso! ¡Y ahora igual, dormidos están! Ah, pero para estirar la mano y llenarse los bolsillos no dormían, ¡ahí no!». Él solo desea una cosa, tener un proceso justo. Por lo demás, su abogado actual, el señor Bidnic, ha presentado un requerimiento de revisión ante el Tribunal Europeo de Derechos Humanos.

Thomas Bidnic asiente con la cabeza varias veces. Jorobado, toga arrugada, en perpetua agitación, facciones tozudas y en rebeldía, manipulando folios y más folios, cuchicheando al oído de su colaborador, dándolo todo por su cliente. A medida que pasan los días se presenta cada vez peor afeitado; ¿se está dejando crecer la barba? En la cima del cráneo tiene un copete cuyos mechones frontales más largos y tupidos son omnipresentes, siempre revueltos. No cuesta imaginarlo en el recreo con un tirachinas. De vez en cuando quiebra el runrún de la audiencia con unas intervenciones intempestivas y dichas como por inercia. Detrás de él, su cliente, todo de beis, con el pelo rubio casi rapado, parece la frescura personificada.

La presidenta, Isabelle Prévost-Desprez:

—Una preguntita... Tantos años viviendo en España, ¿y no habla nada de español?

—Hoy en día todo el mundo habla inglés.

Cuando no lo interrogan acerca de los puntos clave del expediente, Robert Dawes responde acodado a la repisa de madera que bordea la jaula acristalada, como un *barman* le hablaría a un cliente.

Un desenfado igual de insolente lo mueve al escuchar los intentos de justificación de Nogueras o los suspiros existenciales de Cohen-Sabban. Sonríe, se encoge de hombros, niega con la cabeza, afligido ante tan curiosos estados de ánimo y tantas incoherencias, a veces incluso ríe abiertamente. Un pequeño espectáculo mudo cuyo objetivo no queda claro, a menos que se trate de un mero ejercicio de libertad. Cierto es que los tres hombres están en las antípodas. Cohen-Sabban lo inspira particularmente: «Cohen vino a verme a la cárcel. Tenía la tensión arterial fastidiada, lo vi muy colorado y le dije: Vuelva usted a su casa, que no tiene buena cara. Hablábamos constantemente de su salud. Nunca me puse agresivo con él, vistos sus problemas de tensión arterial, nunca lo agredí, todo lo contrario, era amable, le preguntaba por su salud». A propósito de las ausencias del defensor: «... Seis meses, digo, seis semanas, ¡qué sé yo! ¡Seis semanas de vacaciones!».

Él, el hombrecillo banal del polo beis, no es de los que se toman largas vacaciones. Él no es nadie, un simple vendedor de muebles. Un hombre como tantos otros que debe dar de comer y cuidar a su familia. *My family* no se le cae de la boca.

La misma esposa desde hace treinta años, tres hijos. Un chaval de la calle que se sobrepuso a sus orígenes y solo aspira al anonimato. «No llevo una vida extravagante». Tampoco es de los que se compadecen ni se regodean en las desgracias pasadas. Padre camionero, madre enfermera fallecida con cincuenta años y despachada con media frase. La entrada en prisión siendo todavía un niño en la sección para menores de la cárcel de Whatton. Los palos, los abusos de todo tipo. Un encogimiento de hombros.

«Una vez que has conocido Whatton, te curas de espanto». Sin embargo, esta frase no la pronuncia Robert Dawes durante la audiencia, aparece únicamente en el expediente, escrita en confianza a través de un sistema de mensajería privada.

En *El padrino 2*, Michael Corleone visita a Hyman Roth (Meyer Lansky, el padrino de padrinos).

La escena tiene lugar en la casa de Roth, en su salón de Miami. Hyman Roth está viendo un partido de fútbol americano y balancea una pierna por encima del brazo de un sillón de ratán cuya tapicería representa una maraña de hojas de cocotero u otras palmas en una gama de tonos beis y pardos. Idéntico es el estampado de las cortinas y el de las sillas alineadas delante de la ventana, que forman una especie de sofá sobre fondo brumoso de visillos. Detrás del sillón hay una lámpara de pie de madera con pantalla marrón y varios grabados indistinguibles en una única pared. El propio Roth completa el cuadro otoñal con su pantalón castaño y su soporífera rebeca de jubilado.

Corleone cierra la puerta con delicadeza, Roth se levanta, va a apagar el televisor y vuelve a sentarse.

Todo está en su sitio para hablar de vida y de muerte.

De la auténtica vida y la auténtica muerte.

La genialidad de la escena no radica en Al Pacino ni en Lee Strasberg, sino en el decorado de Dean Tavoularis. En la combinación de hortera y catetismo ascético, en la evidente sed de conformidad y de confundirse con su entorno (Miami y el follaje tropical).

Una voluntad impersonal inspira el conjunto, y el día tenue que se cuela a través de los visillos remite al sentimiento de modestia primigenia.

Una existencia a la sombra. Ni rastro de riqueza, menos aún de poder. Un perfil más bajo imposible.

Lo contrario de lo que todo el mundo desea hoy en día.

Paris - febrero de 2023 - Tribunal Correccional

Ternura y Cotidianidad

En materia de imagen, la partida está desequilibrada.

Por un lado, una denunciante invisible que ya no puede salir de su casa pero cuyo nombre es célebre. Figura destacada de la Resistencia, brillante corresponsal de guerra, militante anticolonialista, poeta. Una auténtica heroína. Madeleine Riffaud.

Por el otro, una mujercilla anónima de unos sesenta años, pelo largo castaño mal cepillado, gafas demasiado grandes, encogida y gibosa, que comparece por «abuso de confianza contra persona vulnerable». Myriam B.

La acusada se presenta sin cuello. Una deformidad dorsal acentuada por un jersey *oversize* con cuello redondo de lana azul celeste.

¿Es este el aspecto normal de Myriam B.? ¿O se ha disfrazado de pobre para afrontar este juicio en el Tribunal Correccional, donde lleva las de perder?

Las dos mujeres se conocieron en 2011. Tras una operación importante de la que sale casi ciega, Madeleine Riffaud recurre a la empresa de ayuda a domicilio Douceur et Quotidien (Ternura y Cotidianidad), que dirige Myriam B. «Me quería a mí y solo a mí».

Myriam B. se encarga de la gestión de su día a día, un contrato un tanto impreciso que abarca desde cuidados comunes a cuestiones administrativas, es decir, el uso exclusivo de su tarjeta bancaria.

Al principio todo es de color de rosa. Madeleine Riffaud habla de Myriam B. como de «su cielo» y «su ángel de la guarda».

Pasan los años. Madeleine Riffaud sigue teniendo la cabeza en su sitio pero su estado físico se degrada y se vuelve cada vez más dependiente. En este tramo final cuesta abajo, cada cual acude a recoger unas miguitas de gloria. «Aislada no estaba. Había mucha gente de paso. Dejábamos las llaves en el buzón. Cualquiera podía subir directamente y abrir la puerta». Al margen de los allegados habituales, invaden su piso amigos de última hora: periodistas, biógrafos, cuidadores diversos, un guionista de cómic y hasta un asesor de imagen en Facebook. Un mundo variopinto y no necesariamente fraternal.

La relación entre ambas mujeres se deteriora. Myriam B. se declara agotada e incapaz de responder a las nuevas exigencias de su jefa. «Me llamaba en plena noche porque el ventilador estaba mal orientado». Madeleine Riffaud la acusa de querer «deshacerse» de ella y de no soportar «que tenga éxito».

Myriam B. siempre ha cuidado bien de Madeleine Riffaud. A este respecto no consta reproche alguno en el expediente.

Por lo demás, no es Madeleine Riffaud la que presenta la denuncia en 2021, sino una de sus amigas, que sospecha que Myriam B. está utilizando la tarjeta para su beneficio.

Seydi Ba, el abogado de Myriam B.: «¿Quién denunció? ¿De veras? Cuando es notorio que la señora Riffaud no deseaba hacerlo en un primer momento. No se sabe. ¿Se formula esta pregunta? No».

Se habla de un robo de ciento cuarenta mil euros. La acusación particular lo cifra en doscientos setenta y siete mil euros. El tribunal esculca extractos bancarios, examina gastos durante horas: Chanel, Etam, Gap, COS, Zalando, Camaïeu, Sushi Shop, Princesse Tam Tam... Se crean tablas de Excel de las que no entiendo nada (y no soy la única). Los años se mezclan, las cifras se confunden y parecen lejos de los perjuicios anunciados.

—¿Princesse Tam Tam y Calzedonia? ¿Lencería para una mujer de más de noventa y cinco años?

—La lencería también pueden ser pijamas o leggings. La señora Riffaud solía usar leggings en la cama.

—¿Por qué Chanel, si la señora Riffaud se perfuma con Diptyque?

—Para los tratamientos faciales.

—¡Extensiones capilares!

—Sí, quería una melena tipo hindú.

—¿Un tinte para cabellos castaños cuando la señora Riffaud no se tiñe el pelo? ¡Calzado para una persona postrada en la cama que ya no sale a la calle! ¿Sushi?

—Le encantaba.

—Una cuidadora a domicilio declaró durante la instrucción que no sabía lo que era el sushi.

—Le encantaba la comida asiática.

—¿Y el vibrador comprado a través de Amazon?

—Eso fue un error de Amazon, yo había pedido un gel lubricante. Había tres tarjetas registradas y pinché en la que no era.

—Todo el mundo está de acuerdo en que llevaba un tren de vida modesto.

—No. Ella quería estar guapa para sus invitados y le gustaba hacer regalos.

Un túnel extenuante e informe que no desemboca en ninguna luz.

Los abogados de Myriam B. denuncian la ausencia de registro en el piso de Madeleine Riffaud y una investigación parcial, completamente de cargo.

La fiscal insiste en la gravedad de la traición habida cuenta de la ceguera de la víctima y la nobleza de su vida pasada.

En noviembre del año anterior, *Le Monde* publica una entrevista con Madeleine Riffaud en la que esta habla de su entrada en la Resistencia con dieciséis años, del suboficial alemán que abatió a quemarropa en plena calle, de las torturas sufridas en los despachos de la Gestapo, de sus años de reportera de guerra, del atentado de la OAS en Orán en el que perdió un ojo, de los túneles del Vietcong...

«Después de lo que habíamos pasado, ya no podíamos vivir como los demás».

No está bien que los héroes se prolonguen en el tiempo. Llega un día en que ya no hay ciudades remotas ni rue de Saussaies, solo los deseos mezquinos de cualquier hijo de vecino.

De la cama al sillón del salón, con pantuflas de Etam en los pies, los héroes acaban viviendo como cualquiera.

Afrontan las mismas miserias, se rodean de quien acaricia su vanidad, se encomiendan a quien los alimenta, los cuida y de paso a veces los despluma.

París - 19 de diciembre de 2023 -
Tribunal Correccional

De vacaciones

La tarde llega a su fin. Didier se ha llevado a la montaña a Nathan, que tiene once años. Unas bonitas vacaciones en un hotel con todas las comodidades. Cuando regresa a la habitación en albornoz tras una visita a la sauna, se encuentra a Nathan hecho un mar de lágrimas delante del televisor: está nevando en París. Nathan quiere volver a casa para ver la nieve en París. Didier se echa a reír y le señala las cumbres blancas al otro lado de los cristales. Al niño le importa un comino la nieve de las cumbres, él quiere ver la nieve en sus barandillas y en las rejas del jardín. Quiere ver caer los copos desde su casa, donde casi nunca caen. Por más que Didier le explica que la montaña es más bonita y que la nieve en la ciudad no cuaja, que no se puede ni esquiar ni reír en un trineo, que la habitación le cuesta una fortuna, el chiquillo se retuerce de la pena en la cama. Le parece una infamia que nieve en París cuando él no está allí. En la pantalla del televisor, los copos blanquean los parabrisas y el parapeto de un puente. Didier se enfada, tacha a Nathan de niño mimado y de mocoso. Nathan responde con alaridos estridentes. Didier lo agarra del brazo y lo lleva hasta la ventana. La luz del día se apaga, las cumbres se tiñen de rosa y las ramas de los abetos se comban. Nathan no quiere mirar afuera. Di-

dier grita y agarra el mando a distancia y lo lanza
con rabia contra la tele (Nathan siempre sosten-
drá que se lo lanzó a él pero lo esquivó).

L'année automobile

Los lugares se dejan observar de otra manera estando deshabitados. En el aseo de la avenue de Villiers, nada, nada, absolutamente nada ha cambiado desde el día en el que hace tantos años —era la primera vez que iba— me quedé encerrada. Tras muchas tentativas silenciosas de descorrer el pestillo, llamé con la voz estrangulada de vergüenza: «¿Didier? ¿Didier?». (Más tarde me confesó que me hizo esperar por pura diversión).

A la abuela la trasladaron de madrugada al hospital Bichat, donde murió dos días más tarde. Tenía noventa y cuatro años.

Cuando Didier regresa al piso de la avenue de Villiers 101, donde ella vivía desde hacía sesenta años, encuentra en la cocina su sitio preparado para el desayuno del día siguiente. En la mesa de formica pegada a la pared, un mantelito acolchado rojo, una servilleta blanca enrollada a un lado con un servilletero plateado y una cucharilla colocada lateralmente encima del tapete. Me envía la foto. Nunca me había fijado en lo triste que es el suelo de baldosas blancas.

Entre las decenas y decenas de cosas que Didier, contra toda lógica, ha querido conservar a lo largo de su vida, entre las decenas de objetos personales, objetos heredados, bártulos, almanaques de *Paris Match*, muebles, rollos de película de 35 mm, artículos imposibles de enumerar, está la colección de la revista *L'année automobile*, iniciada por su padre en 1960 y continuada hasta 1996. Al principio se editaba en forma de cuadernillo flexible, pero con el tiempo se convirtió en un mamotreto en cartoné, retrospectiva ilustrada y rastreo de la temporada anual, carreras, salones, nuevos modelos, etcétera.

Un día, Didier llegó con el lote completo de *L'année automobile* a nuestro piso de la rue du Cherche-Midi, es decir, treinta y seis ejemplares más o menos idénticos y sin encanto alguno para un lego. No hubo nada que hacer. «No los verás», me dijo para calmarme. Los colocó en la parte de abajo de la biblioteca, dos batientes de madera se cerraron sobre sus lomos blancos y los apartaron de la luz del mundo durante años. Cuando nos mudamos a la rue de Commaille, la voluminosa colección, más maltrecha que nunca y extremadamente pesada, se vino con nosotros a pesar de mis protestas y recuperó su lugar en la sombra de otro armario durante trece años sin que ninguna mano la sacara jamás, antes de ser trajinada de nuevo a la misma avenue de Villiers de la que había salido, es decir, a la casa de la abuela ya viuda.

Una vez fallecida la abuela, Nathan, siguiendo órdenes de su padre, sacó los números de *L'année automobile* del armario en el que residían para meterlos en cajas.

Didier exclamó: «¡No, no, de cualquier manera no! ¡Colócalos por año!».

Envuelto en una nube de polvo inaudita, Nathan embaló lo que él mismo había desembalado en otro tiempo y, mientras acuclillado y derrengado llevaba a cabo aquella ordenación estéril destinada a una nueva oscuridad en la rue Rousselet, se vio dentro de equis años sacando del sótano de Didier los libros recubiertos de una capa de polvo nueva y preguntándole a Alta: «¿Con los *L'année automobile* qué hacemos?».

Últimos sonidos de la vida

Camina delante de mí. Por el pasillo del palacio de justicia que conduce a la sala de vistas.

Ya ha pasado un año en prisión pero comparece en libertad debido a toda una serie de contratiempos judiciales. Alto, ancho de espaldas, gabán azul marino, botella de agua en la mano. Camina dando grandes zancadas rápidas y marcadamente relajadas (las reconoceré en las imágenes de una cámara de vigilancia que se proyectarán).

En la entrada de la sala, aguardo detrás de él en la cola del control de seguridad.

Los acusados por vía penal están nimbados de un aura desconcertante que recuerda a la de las celebridades que vemos en carne y hueso. Atraen miradas pero los escrutamos con el rabillo del ojo, sin atrevernos.

Los primeros deben ese esplendor fugaz a la envergadura de su transgresión y al infortunio que los aguarda.

Una noche de diciembre de 2015, Cyril Berger sale de su casa a pie y se encamina al boulevard Malesherbes, donde vive su suegra, Odile de Moro Giafferri.

Pasa en el domicilio solo siete minutos, lo que tarda en enfundarse unos guantes de látex rosa, asestarle treinta cuchilladas y apuñalar de paso a su cuñado, François-Xavier.

¿Qué cable se le ha cruzado? Misterio.

Bañado en sangre, François-Xavier de Moro Giafferri, en calzoncillos y calcetines, consigue salir del piso y corre a refugiarse en casa de la vecina. ¡Acaban de acuchillar a su madre! Señala inmediatamente a Cyril. «¡Es mi cuñado! ¡Ha sido mi cuñado!».

Llegan la policía, los bomberos, todo quisqui.

Llegan también enseguida a la casa de Cyril, cuya dirección ha facilitado François-Xavier.

En el edificio acaba de declararse un incendio en uno de los sótanos. Curiosamente, Cyril lleva en el bolsillo una latita de gasolina para mecheros. Se lo llevan para interrogarlo, toman varias muestras, también de las cenizas del incendio.

Cyril Berger niega toda implicación en el asesinato de su suegra y sale en libertad tras pasar cuarenta y ocho horas en detención preventiva.

Desde hace unos años, François-Xavier de Moro Giafferri sufre esquizofrenia. El loco delira, es de sobra conocido. Y el loco puede matar, como sabe también todo el mundo. El culpable ideal en este final de año trágico es él.

Entre los atentados del 13 de noviembre y las fiestas, ni policía ni gendarmería tienen ganas de empantanarse en una investigación complicada. La comandante, una Florence Foresti versión poli, en el estrado: «Todo el mundo me decía: pero ¿para qué te molestas en investigar? ¡Fue el esquizofrénico! Sinceramente, yo también hubiera preferido que el asesino hubiera sido él, no me apetecía nada zambullirme en otra investigación. Pero había detalles a los que no paraba de darles vueltas. Yo sabía que había gato encerrado».

Víctima de la precipitación, François-Xavier es internado en una unidad psiquiátrica para pacientes peligrosos. Tiene treinta y dos años. «Él ha sido la Casandra de esta causa», afirma el fiscal, Jean-Christophe Muller, «la persona que dice la verdad y está condenada a que nadie la crea».

Durante muchos meses, la esposa de Cyril, Marie-Elvire de Moro Giafferri, se mantiene a su lado. Es la bisnieta del célebre Moro Giafferri, abogado de Landru, de Seznec o de la banda de Bonnot.

Marie-Elvire tampoco cree que su hermano sea el culpable de la muerte de su madre.

¿Un intruso? Nadie baraja esa posibilidad.

¿Qué cree Marie-Elvire? Nada. Se encomienda a la suerte, a la instrucción en curso, al tiempo, flota en la esperanza de una verdad distinta y milagrosa.

Cuando por fin tiene acceso al expediente, descubre las mentiras e infidelidades de su esposo (de las que no tenía ni idea).

Descubre, sobre todo, los múltiples cargos que ha acumulado y que pesan ahora sobre él.

Encausan a Cyril Berger. Marie-Elvire, abogada ella misma, solicita el divorcio y se constituye en acusación particular.

Entre el público, en la primera fila de los apoyos de Cyril Berger están su hermano R., presidente de un grupo inmobiliario de lujo, su mujer y los tres hijos de ambos. Ahí están cada día, sentados muy juntos, erguidos, elegantes, imbuidos de la confianza que depositan en la inocencia de Cyril, unidos en una gravedad tutelar.

Llamado el primer día como testigo, R. presenta a su hermano como un hombre sensible, tierno, valiente, marido cariñoso, adorado por su familia y sus amigos, incapaz de semejante atrocidad.

La música que oirán durante la semana del juicio será otra muy distinta.

El marido cariñoso tenía amantes, virtuales —a través de redes sociales— o reales. Y una enamorada. Una rusa a la que cubre de regalos de lujo y lleva a grandes hoteles con el dinero que le presta Marie-Elvire para que salde la deuda de su empresa.

Justo después del asesinato de Odile, se escabulló de la cama donde su mujer dormía inconsciente bajo los efectos de los somníferos para ir a reunirse con una mujer jovencísima a la que había conocido en una web. En otra ocasión le sobó los pechos a una joven prima de Marie-Elvire, besó a una de sus amigas...

El abogado defensor exclama: «¡Infidelidad, bah! ¡Le pasa a cualquiera!... ¡Esto es un tribunal, no una iglesia!».

Tiene razón, y podría ser un tema irrelevante si nadie hubiese sorprendido el beso a la amiga y no se lo hubiese referido en secreto a Odile.

La trayectoria profesional del valiente Cyril es caótica y objeto de numerosos embellecimientos en su narración (no pasó por la academia militar de Saint-Cyr, como asegura, ni se diplomó en la Escuela Superior de Ciencias Económicas y Comerciales, ni se marchó voluntariamente de las empresas en las que trabajaba).

También esto podría ser irrelevante si los apuros económicos y los diversos préstamos familiares no constituyeran un móvil potencial.

François-Xavier queda fuera de la causa.

Cyril trata de acusarlo hasta el final, pero François-Xavier no es el culpable. Es imposible acuchillar, y menos aún con tal prodigalidad, sin acabar salpicado de la sangre de la víctima. Sin embargo, la única sangre que François-Xavier presentaba era la suya.

La familia de Cyril Berger oye (aguanta) todas y cada una de las palabras que oye el jurado.

El ADN de Cyril hallado bajo una uña de Odile, un corte reciente en la muñeca derecha sobre el que él da una explicación farragosa, un botecito de gasolina Zippo que jamás utiliza en el bolsillo de sus pantalones, residuos carbonizados de varias prendas de ropa en el sótano.

Pero sobre todo... la presencia entre las cenizas, renegrida por el fuego, con restos de sangre en la cara interna, de la alianza de oro con los nombres de los esposos Berger grabados.

Una alianza que Cyril afirmaba haber dejado en su mesita de noche la noche de los hechos, para cortarse los pelos de los nudillos, antes o después de una ducha que nunca se dio.

Una alianza que llevó puesta durante el día y que, en el mundo tal como lo conocemos, no pudo volar solita hasta el sótano al que él afirma que no bajó.

El fiscal: «Ese anillo que se quitó o extravió con las prisas fue el gran error del señor Berger. En un sentido tanto simbólico como material».

El último día del juicio, Cyril Berger va a almorzar con su hermano, su cuñada y sus tres sobrinos (uno de ellos es su ahijado) al restaurante Les Deux Palais, enfrente de los juzgados.

En la mesa de al lado, en la misma hilera, se encuentra precisamente el fiscal, J.-C. Muller, el mismo que esa misma mañana ha solicitado treinta años de reclusión criminal para él.

Es su último almuerzo. No puede no pensar en ello. Su último almuerzo con mantel y carta, entre los sonidos de la vida real, su último almuerzo durante mucho tiempo, en ropa de calle, con gente que pasa y coches que circulan al otro lado del ventanal. ¿Piensa en ello también la familia? Están sonrientes y serenos, como si nada, como si fuera un día normal de la vida normal. Fingen estar confiados. ¿Lo están de veras?

Lo han dejado todo de lado para estar aquí. Estudios, trabajo. Se los ha visto en cada receso arroparlo, reconfortarlo. Él también iba a abrazarlos, ávido de caras amigas.

Nada parece haberlos desestabilizado. Los elementos perturbadores han sido barridos por el tormento de verlo derrumbarse. Cyril Berger ha llorado mucho durante los interrogatorios. Al presidente del tribunal que preguntaba por el sentido profundo de sus lágrimas contestó miedo, cansancio, incomprensión. Ellos también se acogen a la incomprensión. La razón no les sirve de nada. Transforman todo lo que oyen. Son los reyes de la metamorfosis.

Quieren a este hombre.

Un afecto que permite vislumbrar a otro Cyril y acaba por arrojar una luz débil, casi conmovedora.

Una luz por desgracia sin efecto en un tribunal penal y que lo obliga a una negación eterna.

Diciembre de 2023 - Tribunal Penal de París

El desorden de la mesa

En la residencia donde se encontraba, Claire vivía en la planta de los ancianos que han perdido la cabeza.

(Durante mi primera visita estuve buscando el ascensor cinco minutos largos, vagando bajo la mirada socarrona de las auxiliares de un lado al otro del pasillo completamente revestido de un papel pintado que imitaba una bibliotcca).

En su habitación, encima de una mesa pegada a la pared, había una selección de muñequitas de cerámica, un retrato de Guy tocado con una gorra de cazador —pintado por ella—, varias fotos en blanco y negro de ella, de Guy, de Martin, prendidas con alfileres de un tablón.

—Qué guapo Martin.

—¿Quién es?

—Tu hijo.

—Sí, es guapo.

—¿Tiene novia?

—No, no creo.

—¿Es muy exigente, tal vez?

—Tal vez.

—Es normal, con la madre que tiene.

—Ah, ya.

—Guapa, talentuda.

—¿Quién es su madre?

—Tú.

Claire ya no me reconocía. Pero sabía que yo no era una extraña. Liberadas del sentido de las palabras, podíamos hablar como antes, al mismo ritmo, con las mismas entonaciones. La complicidad seguía ahí. Si me decía: «¿Cuándo vuelves a clase?», le respondía al punto: «El jueves». Si a la hora de la merienda con otros residentes que ella contemplaba mientras tomaban un yogur decía: «Todo esto no tiene ningún interés, de verdad te lo digo», yo contestaba: «Pero ¡ninguno!». Y nos reíamos igual que antes.

Me gustaría poder nombrar lo que quedaba en ella más profundo y más duradero que la razón.

Cuando murió pensé que no podía haber desaparecido del universo una criatura con semejante luminosidad.

Claire no sabía que vivía en aquella institución ni que la habitación era la suya. No estaba en condiciones de ejercer el más mínimo poder sobre los objetos, a menos que fuera fortuito. Habría hecho falta menos de media hora para transformar el dormitorio en el de otra persona.

Por suerte, estaba el desorden de la mesa. Las muñecas de porcelana de todos los tamaños, las fotos, una radio grande y rara, botellas de plástico de agua más o menos empezadas, pañuelos, un papa de cerámica, una caja de galletas, uno de sus libros en edición de bolsillo, una caja de cartón con bombones viejos, dos estatuillas de terracota entre curiosas y aterradoras que yo siempre había visto en la rue Coustou. En absoluto la acumulación de una señora anciana. Un desorden colorido que daba fe de su belleza, su originalidad.

(De pequeña compartía cuarto con mi hermana. Ella dormía a ras de suelo, en una cama que durante el día se escondía debajo de la mía. La mía contaba con un cubrecama estirado al máximo con un galón que abrazaba el colchón. Teníamos un baúl de mimbre para los juguetes, debajo de la ventana. Los juguetes siempre debían quedar guardados dentro. Podíamos sacarlos para usarlos, pero en cuanto interrumpíamos el juego, aunque fuese para cenar o bañarnos, hala, tocaba meterlos de nuevo en su cripta. Las ceras, los objetos recogidos aquí y allá, todos los pequeños cachivaches de los niños llevaban una vida muy corta fuera de la negrura de las carteras o de los cajones. Podría haber sido el cuarto de cualquiera. Ninguna creación, ningún mundo en miniatura podía perdurar).

Disfraces

Cuando abusa de los medicamentos, C. regresa al hospital psiquiátrico de Sainte-Anne.

Tiene allí una especie de segunda residencia en la que se recluye unos días cuando está mal o para apartarse de las drogas de las que se atiborrará al salir. Desde ese sitio me llama las más de las veces, pues no tiene nada que hacer. La puedes ver un día en Sainte-Anne y al siguiente en la ópera. C. no quiere cuidarse. Ni pensar. En su cama de Sainte-Anne se muestra tan impermeable a las contingencias, tan lánguida, reventada o divertida como en su propia cama o en la de un hotel. Todo es normal.

«Es muy extraño —me dice—. Cuando participé en el rodaje de la película producida por M., tenía la sensación de que había organizado una merienda de disfraces a la que me había invitado. Cuando los niños eran pequeños me pasaba la vida organizando fiestas de disfraces. Yo lo diseñaba todo: los trajes, los decorados, vestía también a sus amiguitos. M. no quiere hacer películas realistas, no le gustan los universos realistas. R. es igual. Tal vez sea eso lo que les he enseñado, a organizar meriendas de disfraces. Cuando miro sus fotos de niños, en una de cada dos salen disfrazados. Cuando miro las fotos de mis hijos que tengo en mi dormitorio, me digo que en el fondo solo fui feliz en aquellos tiempos. Veía el mundo a través de sus ojos. Tenía cinco años, tenía ocho años, tenía quince años. Y ahora tengo sesenta».

Un vaso de agua

En la literatura estadounidense, la de Richard Yates, la de Scott Fitzgerald y la de unos cuantos más, aparece la siguiente constante: una pareja se muda a un lugar nuevo y trata de integrarse en la comunidad de la zona.

Sería una estupidez restar importancia a la profundidad de esta búsqueda o reducirla a una mera necesidad de socialización.

De vuelta en la niñez merced a una dicha frágil e indescriptible, la de ser aceptados, los nuevos abren con demasiada facilidad sus corazones y se maravillan ante unas cualidades que en su entorno de origen habrían considerado con más mesura.

En la campiña en la que acaban de establecerse, Anna y Hugo conocen a Catherine y Serge H., que viven en M. desde que se jubilaron. Él era diplomático; ella, editora de libros de arte.

Los H. brillan en su entorno. Su casa es bonita, han visto mundo, conocen a artistas y personalidades diversas.

Los vecinos presumen de que los han invitado a la casa de los H. o de haberlos recibido en la suya. Por su parte, los H. se jactan de haber ennoblecido a Anna y Hugo, esos recién llegados mordaces y cultos. Una prerrogativa que recae sobre ellos, dado su estatus en la pequeña sociedad ávida de carne fresca.

Las dos parejas conversan sobre música y jardines, vecindad, juegan al tenis, van de mercadillos juntos.

Por supuesto, de vez en cuando se produce algún roce, pues la hegemonía de Catherine H. se resiente un tanto por la creciente popularidad de Anna, pero las fricciones se evaporan como la bruma matinal.

Los H. se disponen a pasar una temporada en el extranjero. Antes de marcharse, Catherine convoca a Anna en su casa porque «tiene que hablar con ella».

La entrevista arranca frente a un agradable té. Tras un intercambio de comentarios insustanciales, Catherine pregunta si la cena con los Y. estuvo bien.

Anna y Hugo conocieron a los Y. en casa de los H., y más tarde invitaron a cenar a los Y. sin contar con los H.

—Sí —responde ella—, muy bien. Son una pareja realmente interesante.

—Ellos también estaban encantados. Un poco sorprendidos de que nosotros no estuviéramos...

La sonrisa, el tono aterciopelado horrorizan a Anna de inmediato.

Conoce las normas de cortesía y sabe que fue desconsiderado no invitar a los H.

Pero no tenía ninguna gana de invitar a los H.

—Por supuesto... No sé por qué no vinisteis vosotros también...

—Nicolas es muy amigo de Serge.

—Sí...

—Por desgracia, vienen menos desde que están en Madrid.

—Ya, nos lo explicaron. Es absurdo, deberíais habernos acompañado, evidentemente.

—Nos habría hecho ilusión.

—Lo lamento mucho, Catherine.

—Ya hiciste lo mismo con mi amiga Sophie.

—¡A ella me la encontré por la calle de casualidad! Solo la invité a tomar un té.

—Esto es un pueblo, Anna. La gente habla.

—Tienes razón en lo de los Y., pero con Sophie te equivocas.

¿Por qué me dejo someter, por qué tiemblo ante Catherine H.?, piensa Anna. No tengo que rendirle cuentas. ¡Yo invito a quien me da la gana!

Se produce un silencio. Catherine continúa con una leve entonación de fastidio.

—Y eso no es todo.

—¿Ah, no?

—No quisiera parecer egocéntrica...

—Te lo ruego, Catherine, cuéntamelo.

—¿Te acuerdas del día que fui a tu casa a llevarte aquel panetone gigante...?

—Claro. Un panetone maravilloso.

—Sí.

—Del que me zampé tres cuartas partes.

—Me preguntaste qué quería beber y te pedí un vaso de agua.

—Muy bien.

—Fuiste a la cocina, volviste con un vaso de agua y lo dejaste sobre la mesita de centro.

—Ajá.

—Y te lo bebiste.

Anna se echa a reír, pero entiende enseguida que no es momento para risas.

—¿Que yo me lo bebí?

—Sí.

—No me di cuenta.

—Ya lo vi.

—Sabes que llevo una temporada con tos, así que cuando veo agua a veces me la bebo sin pensar. Puro despiste. Perdóname.

—Eso no es todo.

—¿No? Cuéntame, querida.

—Cuando llegó Hugo, me preguntó si me apetecía beber algo y le dije que con mucho gusto me tomaría un vaso de agua. Él fue directo a la cocina. Volvió con un vaso de agua y lo dejó sobre la mesita.

—¡Menos mal que está Hugo!

—Y también te lo bebiste.

Lo más bajo

He aquí una mujer que afirma haber sido violada y maltratada y que en el transcurso de las horas siguientes escribe mensajes de amor a su verdugo.

A primera vista, esa es la gran dificultad de esta historia. Y permite que el hombre se burle, a ratos con una vulgaridad desconcertante, de la versión de su acusadora, que la reduzca a una pobre chica defraudada y mortificada y posteriormente resuelta a destruirlo.

El hombre es Tariq Ramadan, islamólogo, predicador famoso (él prefiere destacar su condición de profesor de la Universidad de Oxford).

Comparece por violación y coacción sexual.

Los hechos datan de la noche del 27 de octubre de 2008. Tuvieron lugar en una habitación de hotel de Ginebra, donde los dos protagonistas pasaron la noche y mantuvieron al menos un conato de relación íntima, a pesar de que Brigitte D. estaba con la regla.

Son estos, por así decir, los únicos elementos que coinciden en ambas versiones de los hechos.

Según Tariq Ramadan, la admiradora lo acosa por redes. «Señoría, yo estaba muy solicitado entre las mujeres debido a mi perfil público, ¿sabe?». Cansado de darle negativas, por fin accede a quedar con ella para tomar un café en el vestíbulo de su hotel. Ella se ha arreglado para la ocasión con un escote sugerente. Va a buscarlo a su habitación, llama a la puerta —esta parte no queda nada clara—, se mete en el cuarto de baño, sale sin más ropa que un picardías, lo provoca. Se besan, de pronto están en la cama, donde tras los preliminares él se echa atrás, desconcertado por las extensiones capilares que se le quedan en las manos y disgustado ante el olor rancio del pañuelo que ella se ha dejado puesto (Brigitte se convirtió al islam). Fin de los retozos.

«Se me quitaron las ganas, como cualquier ser humano entenderá. Sucede que una mujer no te guste». Y desarrolla compungido su teoría de la naturaleza femenina, dos veces humillada por el hombre que para empezar no la desea y en segundo lugar, a pesar de sus ávidas peticiones, no quiere volver a verla. «El sufrimiento viene de que la rechazara». A lo sumo reconoce que se enfadó y la insultó al advertir unas manchas de sangre en la cama y en su pantalón. «Una reacción impropia de mí».

¿Por qué entonces Brigitte se queda allí hasta las seis de la mañana? Gran incertidumbre a este respecto, que ningún magistrado se preocupa por aclarar.

Brigitte confirma el café en el vestíbulo del hotel. Solo acompaña a Tariq Ramadan a su habitación, afirma, para ayudarlo a cargar con una tabla y una plancha que él ha solicitado en recepción. Es la primera vez que se ven. Ella lo admira. Lee sus libros, acude a sus conferencias. Se siente atraída por él pero no se plantea que esa noche ocurra nada, dada su indisposición (la menstruación constituye un tabú de primer orden, ella vive lejos, hace frío, por lo demás incluso ha intentado posponer la cita). Él es afable y la conversación no toma un cariz de seducción. En la habitación, ella atisba una bolsa de comestibles con unas manzanas asomando, él le explica que su madre y su hermana lo miman y le dan siempre comida de más. «Sonreí y pensé que una madre siempre es una madre, en cualquier rincón del mundo». Lleva unos pantalones y un jersey de cuello vuelto. Afuera está nevando. No solamente no se pone un picardías, sino que no ha usado uno jamás. De pronto, afirma la mujer, a su anfitrión le cambia la cara y se abalanza sobre ella. Describe una noche infernal en la que él la fuerza, le pega, la insulta y la asfixia al obligarla a practicarle una felación. De madrugada, huye.

«Está mintiendo —exclama él—. ¡Está mintiendo!».

No son los elementos de la sala los que permiten a Tariq Ramadan gritar que eso es mentira, sino los numerosos mensajes enviados por Brigitte después de los hechos. «Dame algo a lo que agarrarme... Estoy aterrorizada... Sueño con besarte y sueño con que tengas confianza en mí». «Eres un hombre maravilloso», «Estoy aprendiendo a amar tu lado más oscuro, ese que todo hombre lleva dentro», «He pasado de enamorada feliz a enamorada atormentada», e incluso: «Sea lo que sea lo que yo haya venido a buscar, no me dejes», en referencia al *Ne me quitte pas* de Brel.

El cuadro es deprimente.

Él solo en primera fila con el micrófono regulado a la altura del asiento. Detrás, su belicoso equipo de defensa. Más atrás aún, protegida por un ridículo biombo blanco, Brigitte con su peluca de rizos mal colocada.

Brigitte lo soporta todo, las burlas del predicador, la agresividad de los magistrados y de la parte contraria, responde con economía y afán de precisión. No pretende ni caer bien ni convencer y no siempre obra en su propio interés.

Escribió esas súplicas en las horas y días posteriores a la violencia sufrida. Quiere achacarlo todo a una enajenación transitoria, implora, busca consuelo, irreflexivamente. Reconoce que habría podido perdonarlo.

Brigitte denunció no por los hechos en sí, sino por las palabras que faltaron, por el vacío de remordimientos, de explicaciones, de ternura.

¿Qué tribunal se encarga de estas cuestiones?

Me acuerdo de Fela Bialer, la pequeña judía ingrata que protagoniza el extraordinario cuento de Isaac Bashevis Singer *Un día de placer.*

Ella también se arroja a las sábanas del demonio.

El lecho que abandona, devastada, enloquecida, está manchado de sangre, su ropa hecha jirones.

Solo que Fela y Adam son personajes de ficción, aun habiendo caído a lo más bajo son grandiosos y ambivalentes.

Viven en el Olimpo de la literatura y no reclaman ni justicia ni reparación.

Ginebra - mayo de 2023 - Tribunal Correccional

Algo nuevo

En plena cena, en el reservado del restaurante donde nos encontramos, J. me dice: «Me pasa algo nuevo, te lo cuento ahora pero todavía no se lo he dicho a nadie: cuando estoy viendo una película y una pareja se besa... aparto los ojos».

Es guapa, tiene unos ojazos increíbles, tenemos más o menos la misma edad. Es la persona más sola que conozco, pero la suya es una soledad elegida, casi envidiable. Ha conducido su vida sin ninguna salvaguardia, aparte del dinero que gana pero que su generosidad y su falta de prudencia reparten. Tiene pocos amigos (digo pocos pero tal vez sean aún menos), hijos no. Estuvo casada dos veces antes de que yo la conociera. De uno de los esposos ha conservado el apellido con el que ejerce su oficio (es médica), nada más.

Juguetona y alegre, se muestra ante los hombres infinitamente más fuerte de lo que es. Lleva una chupa de cuero negra que ha customizado con flores pintadas y un estampado psicodélico en la espalda. Sus deportivas también están pintadas. Unos tirantes anchos y coloridos sujetan su pantalón. Le pregunto qué hace por las noches, los fines de semana. Me responde que se documenta, que reflexiona. Entre semana se entretiene con los casos de sus pacientes.

A su hermana mayor su hijo la ha metido en una residencia de ancianos lejos de París. Ya no tiene la cabeza del todo en su sitio. J. solo puede ir a visitarla una vez al mes. Pero la llama a diario. La obliga a hablar, a que le cuente cualquier cosa. Con el resto de su familia no se lleva bien.

«Cuando una pareja se besa, aparto los ojos».

Me demuestra lo que hace. Agacha la vista y su nuca ejecuta una inclinación ínfima.

Aguarda a que la imagen pase.

«No puedo. Mi cuerpo ya no es capaz de mirar eso».

Ha tenido amantes, por supuesto, nada largo, nada estable. Nunca hombres inofensivos.

Ella fue quien me dijo aquella frase que dejé escrita en alguna parte: «No doy la talla. Para descender a los infiernos hace falta una rampa, yo resbalo y me quedo abajo».

Paul Bismuth

Encorbatados, trajeados con sus mejores conjuntos oscuros, ocupando sendas sillas bajo el estrado que ocupa el tribunal, comparecen los señores Azibert, Herzog y Sarkozy.

(En 2006 le pedí a Nicolas Sarkozy, a la sazón ministro del Interior, que me permitiera seguirlo hasta las elecciones con el fin de elaborar el retrato de un político en plena campaña. Con el paso de los meses empecé a verlo como uno de mis personajes habituales, más allá de toda esperanza.

El alba la tarde o la noche se publicó en agosto de 2007. No volví a ver a Sarkozy durante su presidencia ni he sabido nunca qué le pareció el libro).

Viene a mi encuentro durante el primer receso. Con esa prodigiosa capacidad de que todo le parezca normal, no manifiesta ninguna sorpresa ante mi presencia. Se está comiendo una galleta.

—¿Quieres una?

—Sí, gracias.

Rebusca en su maletín y me ofrece una Petit Écolier de Lu.

Le hago preguntas sobre su nueva familia, que no conozco, e intercambiamos fórmulas de cortesía sin dejar de mordisquear nuestras galletas con chocolate.

En 2013, unos jueces investigan una presunta financiación libia de la campaña de Sarkozy en 2007 y le intervienen el teléfono.

Advertidos de la situación, Nicolas Sarkozy y su abogado (y amigo) Thierry Herzog deciden utilizar una línea secreta para sus conversaciones.

Nada sorprendente, nada ilegal.

Este gesto de mera protección, sin embargo, otorgará a la historia una dimensión impura, incluso para los dos usuarios de la línea, que en ningún momento parecen del todo ellos mismos cuando recurren a ella.

Llegados a este punto, conviene explicar que la ley francesa prohíbe escuchar lo que se dicen un abogado y su cliente. Pero lo mismo da. Enseguida identifican y pinchan también el teléfono registrado a nombre de Paul Bismuth, sin que los interesados lo sepan.

Ese mismo año, se produce el sobreseimiento del caso Bettencourt, durante el que se confiscaron las agendas presidenciales de Nicolas Sarkozy.

Sarkozy desea recuperarlas y para ello emprende acciones legales.

A principios de 2014, los agentes de policía que escuchan la nueva línea advierten que Sarkozy pregunta por la evolución de ese expediente. Detectan, sobre todo, que Thierry Herzog ha pedido a un amigo magistrado, Gilbert Azibert, que obtenga información para su cliente.

Al margen del objetivo original, la policía sospecha de tráfico de influencias y decide informar sobre las conversaciones relacionadas con la recuperación de las agendas.

Es lo que tenemos el privilegio de oír el primer día de audiencia. Las famosas «escuchas de la línea Bismuth» del 28 de enero al 26 de febrero de 2014, es decir, los cortes realizados en decenas de conversaciones por parte del funcionario que ha juzgado oportuno transcribirlas y de las que he aquí una pequeña muestra.

Sarkozy:

—¿Has hablado con Gilbert hoy?

—No, no, no... Me llamará a lo largo del día. Me dijo que había visto a un asesor allá, esto... que formaba parte del tribunal... que va bien, eh... No, no, va bien.

—¿Qué le dijo el asesor?

—Nada, que todo bien... Que era... que la confiscación era un problema de, de... de orden público, relacionado con la Constitución, etcétera.

—Sí, sí... Total, que estaba...

—Estuvo bien.

—¿Favorable a lo nuestro?

—Sí.

—Pues nada, oye. Muy bien.

Veinticuatro ficheros de audio en esta vena estilística, oídos en el gran silencio de la sala, donde Herzog relata de un modo errático, entrecortado y balbuciente los ruidos como de máquina de café presuntamente alentadores referidos por Gilbert Azibert a un Sarkozy que se conforma con datos brumosos siempre y cuando le parezcan positivos.

En esta causa únicamente constan el teléfono y las conversaciones entre Sarkozy y Herzog. En ningún momento conocemos las peticiones que Herzog le hace a Azibert ni la información que este último facilita, como sucede con las conversaciones de la vida real, las palabras ignoradas que el viento se lleva para siempre.

Los delitos, el famoso «pacto» de corrupción, las pruebas, no son más que los incontables balbuceos, silencios y lagunas en los que todo el mundo se ha enfrascado, acusación, público, prensa, según su posición, su temperamento, su grado de pasión hacia el expresidente pero también su talento imaginativo.

¿Qué misión le habrían encargado exactamente a Azibert? ¿Intervención? ¿Información? El expediente es vago a este respecto. ¿Qué le dijo Azibert a Herzog? Nunca lo sabremos, y los interesados no ponen de su parte. Sobre todo porque las acciones que Thierry Herzog atribuye a Gilbert Azibert son pura quimera. No se ha establecido contacto alguno con los asesores del tribunal penal, como tampoco se ha obtenido el dictamen del magistrado ponente sobre el recurso.

Si se hubiese aplicado la ley, es decir, el respeto por la confidencialidad de las conversaciones entre un abogado y su cliente, sencillamente no habría causa. Thierry Herzog no habría sido objeto de ninguna investigación, sus coloquios con Nicolas Sarkozy habrían quedado entre ellos dos.

Pero la ley se ha puesto de acuerdo con la ley, de modo que la justicia, en su inmensa seriedad, ha podido considerar a los señores Azibert, Herzog y Sarkozy como «delincuentes reincidentes» (cabe confesar que la acumulación de zetas en sus apellidos no tranquiliza en absoluto), acusarlos de corrupción activa y pasiva, tráfico de influencias, violación y encubrimiento de violación de secreto de instrucción, y condenarlos en primera instancia a tres años de cárcel, uno de ellos en firme.

Antes de los ensayos de una obra, a veces se organiza lo que se conoce como trabajo de mesa, que actúa como alimento psicológico y rítmico para los actores. Se lee el texto en voz alta y se descifra.

Entre las conversaciones que hemos oído y que fundamentan la acusación de corrupción, he aquí una de ellas para ilustrar, junto con mi interpretación, este trabajo de dramaturgia:

Finales de febrero. Sarkozy se escapa con su mujer y su hija a pasar un fin de semana de descanso en Mónaco. Herzog le pide que, si surge la ocasión, interceda a favor de Gilbert Azibert, que aspira a un puesto honorífico en el principado.

—Ya que vas para allá, si te encarta, que no se te olvide, si tienes la posibilidad de hablar por Gilbert. Para el Consejo de Estado. La vacante...

—Sí, sí, sí, por supuesto...

—No, porque nunca se sabe, si te citas con alguna personalidad...

—Ah, sí, sí, tienes razón.

—Porque él lo ha solicitado, hay un consejero de Estado que se va en marzo, al parecer tiene buenos contactos a través de, eh... el príncipe, un primo o una prima del príncipe, no sé lo que me dijo... Así que yo le dije cuando lo vi, obviamente, no vamos a...

—Sí, sí, no, está bien... Tienes razón.

—Le dije... el presidente...

—Bueno, tú dile que estoy allí...

—Le dije que ibas para allá, y que quizá, si se te presentaba la ocasión, harías lo necesario...

—Por supuesto...

—Para presionar.

—Por supuesto. Por supuesto. Por supuesto. Por supuesto. Por supuesto. Sí, tienes razón. Eh... ¿Alguna cosa más?

—No, no.

A la primera petición de Herzog, sobre un eventual apoyo en favor de un nombramiento de Azibert, Sarkozy responde con tres «sí» y un «por supuesto».

Thierry Herzog entiende de inmediato que está predicando en el desierto.

Echando mano de formulaciones diversas incide en el asunto cuatro veces y media mientras en los intervalos Nicolas Sarkozy emite una serie de aquiescencias cuya abundancia en ningún momento termina de tranquilizar a su interlocutor.

En su última frase contamos cinco «por supuesto» a los que conviene sumar el anterior, lo que da seis «por supuesto» seguidos.

Seis «por supuesto», en aritmética sarkoziana (que llegué a conocer bastante bien), equivalen a cero «por supuesto». Apenas pronunciado el primero, y sin duda ya en el «supuesto», Sarkozy está en otra parte. Ya no sabe de qué le están hablando. Por eso termina con un tercer «tienes razón» que podemos considerar sin riesgo a equivocarnos como un séptimo «por supuesto» igual de abstruso aunque aparentemente más comprometido, destinado a ganar unos segundos para recordar el asunto y zanjarlo.

Llega entonces un «eh...» que ratifica esa nada.

El tono se embota en el tedio.

Nunca sabremos si se acuerda de Gilbert Azibert, del príncipe, de su prima o de una eventual intervención.

Con el «¿Alguna cosa más?» la vida sigue.

¿Cuál es la conclusión de todo este revuelo?

Todo indica que Nicolas Sarkozy no tomó ni la más mínima iniciativa monegasca.

Gilbert Azibert no obtuvo ningún puesto (y asegurará durante el juicio que nunca lo codició).

En cuanto al recurso de Nicolas Sarkozy para recuperar sus agendas, a pesar de las decenas de mensajes reconfortantes de Thierry Herzog, cuya interfaz no tuvo otro objetivo que el de tranquilizar a su cliente, fue desestimado.

En lo que a mí respecta, aunque seguramente me falte seriedad, durante esos ocho días de vista de la apelación me costó ver a los señores Azibert, Herzog y Sarkozy bajo otra forma que no fuera la de un pavo real, un vendehúmos y un hiperangustiado.

El primero se envanece de serlo, el segundo lisonjea y aletarga al último, que solo quiere oír buenas noticias.

Las oscuras intrigas, si existen, bailan como cuerpos flotantes ante la retina. Ninguna consecuencia material. Nada sucedió, nada cobró forma.

Tres personajes de una fabulilla en la que cada cual se da mucha importancia, acaba por volver en sí y sigue siendo el de siempre.

París - diciembre de 2022 - Tribunal Correccional

Doria

Alta ha dado a luz a Ruben.

Doria, que pronto cumplirá tres años, duerme en mi casa. Todavía no sabe nada (me refiero a nada efectivo, pues el hermanito que pronto llegará es tema de conversación desde hace semanas).

La acuesto en su cama con barrotes de la que se ha retirado todo un lateral porque ahora ya es una niña mayor. Le leo un cuento. Cuando cierro el libro, dice: «Uno más». Digo: «No te pases, que hemos leído un montón en el salón». Y ella: «El último» (tiene rodaje).

Estoy empezando *Carolina en la granja* cuando de repente el somier se hunde, y Doria con él. No se hace daño, pero llora. La consuelo. «¿Sabes dormir en una cama de mayores?». (En el cuarto donde nos encontramos hay también una cama grande). Dice que no con la cabeza, aterrada. Le vendo la idea de una maravillosa cabaña a ras de suelo, en su colchón, con todos sus amigos. La convenzo. Muevo como puedo la cama rota. Nos ponemos cómodas, con Trapito, los otros dos elefantes, unos cuantos tipos más y los dos chupetes que no sirven para nada pero tienen que estar.

Doblada por la mitad para que Doria vea las ilustraciones, retomo *Carolina en la granja*.

Orgullosa de mi gestión, me marcho dejando la puerta entornada y la luz del pasillo encendida. La oigo jugar y canturrear durante media hora.

Vuelvo a su cuarto, duerme como una bendita.

Cuando voy a acostarme unas horas más tarde, por supuesto apago la lámpara del pasillo que nos separa.

A las dos menos cuarto oigo llantos. La encuentro sentada en su colchón y se calma en cuanto me ve aparecer. Entiendo de inmediato que no quiere estar a oscuras. Normalmente hay una lamparilla que siempre la acompaña. Alta había olvidado meterla en su maletilla y yo pensaba que ya no la necesitaba. Le hago unas carantoñas, la tranquilizo y le dejo la luz del baño encendida y la puerta entreabierta.

Retomo *El fin del «Homo sovieticus»* para volver a coger el sueño. Oigo sollozos otra vez. Regreso a su cuarto. Hablamos de la noche, del día siguiente, cuando verá a sus padres (no menciono a su hermano), se da la vuelta para dormir, le acaricio la frente y me voy con su beneplácito. Gimotea cuando todavía voy por el pasillo. Me digo para mis adentros que mejor será reiniciar el ritual desde el principio. «¿Quieres que te lea un cuento?». «Sí». Elijo *Miss Sabelotodo*, libro flexible y corto. Error. *Miss Sabelotodo* la solivianta. Se incorpora, repite o anticipa el texto, quiere retroceder, me indica detalles de las ilustraciones, vamos, se espabila definitivamente.

Tras dos o tres viajes infructuosos entre su cuarto y el mío: «¿Quieres dormir conmigo?». «Sí».

Mudanza, Trapito, los elefantes, la foca, los chupetes. Cojo otra vez a Svetlana Aleksiévich. Digo: «Lilou (es mi nombre de abuela) tiene que leer un poquito, pero, tú, a mimir». Me deja leer acurrucándose con sus amigos. Apago. Llanto. ¡Claro, por supuesto, a oscuras no! La lámpara de su mesita de noche es demasiado agresiva. Encuentro en el apartamento otra más pequeña que enchufo a sus pies.

Son las tres y media. Por fin enfilamos la senda del descanso cuando de improviso:

—Yoquerovolvéamicama.

—¿Cómo dices?

—Yoquerovolvéamicama.

¡Quiere volver a su cama!

La llevo, la sermoneo. «¡Y ahora, a mimir! Lilou mañana tiene ensayo, tiene que estar descansada, y tú también. Estás bien, tus amigos te protegen, tienes luz, si lloras no voy a venir, ¿eh?».

Se queda dormida. Yo también, por fin, con ayuda de un Noctamide y de unas cuantas páginas de perestroika.

Es de día, un día débil aún, alguien toca una obra contemporánea para piano. ¿Estoy soñando? No se interrumpe. Es en mi casa. Consulto la hora. Son las siete y cinco.

Qué amable, no ha venido a despertarme.

Ha preferido sentarse directamente al piano.

Las botas de fieltro

El fin del «Homo sovieticus» de Svetlana Aleksiévich. Libro inmenso. Suma de vidas de resistencia y de sombra.

A medida que voy avanzando, desarrollo un
mecanismo de protección. Demasiadas desilu-
siones, demasiadas desgracias. Los hombres pre-
fieren beber antes que vivir.

Lo leo sin abandono, con los brazos estirados
para tomar distancia.

En la cubierta de la edición de Babel, la fotografía de una mujer que camina entre la bruma
por una plaza adoquinada desierta que debe de
ser la plaza Roja. Va vestida de rojo oscuro, ga-
bardina, boina, bandolera a la cintura, carga un
ramo de flores rojas y porta bien alta la bandera
soviética.

Nunca cojo el libro sin escudriñar unos segundos a esta mujercilla con su uniforme carmín, tan
convencida de ser parte de algo inmenso. ¿Dónde
estará ahora? ¿Muerta? ¿Vieja, olvidada en algún
rincón de provincias, de una ciudad sin nombre?

Una mujer llora y se pregunta por qué llora,
si ya lo sabe todo de su vida.

Durante mucho tiempo vive separada de su
madre, prisionera en un campo. Pasa toda su infancia en un orfanato, criada, formada por la
madre patria.

Un buen día, la madre de origen reaparece con una maleta de madera y una escudilla de zinc. No le gustan las canciones a mayor gloria de Moscú, es inmune a las exaltaciones colectivistas que enardecen el corazón de su hija, no le gustan los desfiles militares, no lee ningún periódico, la radio le da igual.

La madre es anodina, está consumida, no es portadora de grandiosas promesas. Son dos extrañas. Nada las une.

«Con mamá no era feliz. Y eso es algo que ya no puedo cambiar. Mamá no tardó mucho en morir. Y solo después de muerta la abracé, la acaricié. ¡Solo cuando la vi tendida en el ataúd me enternecí! ¡Sentí que la quería! La enterré calzada con sus viejas botas de fieltro… No tenía zapatos ni pantuflas y los míos no le entraban en los pies hinchados».

Sus viejas botas de fieltro.

Durante los años desconocidos sirvieron para proteger de las heladas, de la humedad, de las intemperies de la propia vida. Amigas fieles que hablaban más que las palabras.

«Le dije tantas palabras bonitas durante el funeral… Le hice tantas confesiones… ¿Las habrá escuchado?».[*]

La visión de unas botas de fieltro imposibles de sacar, unas viejas botas de fieltro ciñendo los pies de su madre muerta, venció a Stalin.

---

[*] La traducción es de Jorge Ferrer. *El fin del «Homo sovieticus»*, Barcelona, Acantilado, 2015, p. 351.

Animales minúsculos

Había ido a Venecia sola para trabajar y un día entré en el dormitorio de invitados que se ha convertido en cuarto infantil desde que nació Doria.

Es una habitación pequeña de techo alto con dos ventanas que dan a un campanario.

En ella estaba la cama con barrotes de contornos acolchados, el silloncito espantoso regalo de una amiga de Marcela, la cama estrecha para adultos, la cómoda que hace las veces de cambiador. Sobre cada una de las superficies, juguetes, peluches, libros ilustrados, ropa infantil bien planchada. Una ratona de trapo con un bonito vestido tumbada encima del colchón de florecitas.

Aquel universo ínfimo sin Doria hizo que se me encogiera el corazón. ¿Qué era? El orden perfecto de las cosas, su inmovilidad, mientras a lo lejos en otra ciudad la niña crecía.

Hace poco, Alta me envió una foto de una columna de animales minúsculos abandonada sobre una alfombra. Cuántos ciempiés fabricaron ella y su hermano en otros tiempos, los encontrábamos en cualquier pasillo, debajo de un mueble. Decenas de pequeños conjuntos que se dirigían no se sabe adónde en fila india. Yo no me decidía a deshacerlos.

Sylvie W.

Entra cabizbaja, encorvada, pelo largo recogido en una cola de caballo, chaleco gris largo sobre jersey negro.

Es guapa a su manera, y está agotada. Guapa con la cara hinchada que tienen las personas que viven en la calle, aunque no sea su caso.

Parece helada, la presidenta le presta su chal.

Sylvie W. tiene cuarenta y un años.

En su vivienda de Is-sur-Tille, un domingo de noviembre, ese mes malo para el ánimo, envenenó a su hija pequeña, de siete años, y trató de envenenar a la de nueve, inyectándoles insulina. A continuación intentó suicidarse del mismo modo. La hija mayor, que despertó en plena noche, pudo salvar a su madre llamando a emergencias. La pequeña murió.

Se relata una existencia tristemente ordinaria. La infancia en una familia replegada sobre sí misma, con una madre depresiva y dos hermanas mayores. Un título de enfermería y luego el oficio, que le gusta y en el que destaca. Se casa con el hermano de su cuñado. Nacen dos niñas. La vida conyugal es un chasco. A esto se suman finales de mes complicados, un ascenso profesional que no le conviene ni por posición ni por horarios.

Y, sobre todo, un padre cuya sombra ronda, incesante y funesta. Un padre del que se dice que ella es «su preferida».

«Mis hermanas estudiaban en un internado. Yo establecí un vínculo muy fuerte con mi padre. Lo idolatraba… Cuando él tomaba una decisión, era así y no había vuelta de hoja. No teníamos margen para formular otras opiniones. Yo quería estar a la altura de lo que él esperaba de mí».

Sylvie W. responde a las preguntas de la presidenta con el micrófono pegado a los labios, intercalando largos silencios. «Cuando tuve a M. y luego a L., Steve [su marido] estaba fuera por trabajo. Mis padres estaban siempre en casa para echarme una mano… Mi padre sentía un odio indescriptible hacia Steve. Decía: ¡Menos mal que estamos nosotros! Porque él ¿dónde está? ¿Otra vez en el bar con los amigotes?… Les pedía a las niñas que lo llamasen papá. Yo le decía: Pero papá, tú no eres su padre. ¡Claro que sí! ¡El padre es el que cuida de ellas!».

A retazos, habla de la separación, del regreso asfixiante a la casa de sus padres y de la vida en la casa nueva, repartida entre el trabajo y las niñas. Una vida banal, un poco cutre, en la que el tiempo pasa volando. «Me decían: Pero ¿cómo lo haces? Es durísimo y aun así estás pendiente de tus hijas, tan paciente, pero nadie sabía de la soledad inmensa y de la presión a la que me sometía a mí misma».

Una historia como cualquier otra, un proceso como cualquier otro.

Llega el primer forense, doctor en farmacología. Con él nos adentramos en la cocina de la muerte.

Antes de la insulina, Sylvie también les administró a las niñas un tranquilizante para dormirlas. El fiscal, desde las alturas de su trono: «¡No es poca cosa, señora, que una buena enfermera se meta en la farmacia y coja lo que se le antoje!... ¿No hay vigilancia en la clínica? ¿Eh? ¡Porque a mí me preocupa lo que estoy oyendo!».

Cuando el forense alude a los sufrimientos biológicos y neurológicos de L., comienza a desmoronarse la buena disposición del trabajo de la justicia.

Sylvie se tapa los oídos. Con la cabeza entre las manos se balancea suavemente adelante y atrás. Se oyen unos leves gimoteos. Luego, un llanto. El farmacólogo vacila antes de proseguir con su declaración. Al cabo de poco ya no son sollozos, sino gritos de dolor. La presidenta interrumpe al testigo. Sylvie se desploma. Tres guardias la sacan a rastras. Desde la sala se oye que no es capaz de calmarse. La presidenta sale por la puerta trasera, seguida de las otras magistradas.

El abogado de Steve y su familia, el señor T., se ha acercado a sus clientes. Steve se ha puesto de pie y está haciendo el ganso, no está dispuesto a dejarse conmover ni un segundo. Es alto, corpulento, lleva un anorak. A su alrededor, un pequeño clan en el que se encuentran su nueva esposa y N., la hermana mayor de Sylvie, con la que ella está peleada. De una curiosa jovialidad, el abogado se exhibe como un profesional al que no le cuelan una. Salta a la vista que está configurado hasta la estupidez en el bando de la acusación.

Al día siguiente, Sylvie W. está de vuelta. Ha regresado para enfrentarse a otros forenses, como prevé el orden de los testigos, porque desea «estar a la altura».

Ellos también hablan de sufrimientos y de una muerte intranquila. Enumeran las marcas que presenta el cuerpo de L., las marcas banales de la vida, los leves moratones, unos puntos de sutura en el brazo derecho... Sylvie, doblada por la mitad en el banquillo, se agita con espasmos, la cara tapada por el pelo, que hoy se ha dejado suelto.

En un extremo de la primera fila, Steve, nerviosísimo, saca cada dos segundos el pie de una deportiva blanca.

La tercera experta es una joven de chaqueta anaranjada. Con el tono de la ciencia neutra detalla «una hipoglucemia grave, coma, edema cerebral, estado de muerte encefálica». Sylvie solloza, se sobresalta y se balancea, como la víspera. Uno de sus abogados se ha sentado a su lado en la jaula acristalada y lanza miradas desesperadas a su alrededor. La forense continúa como un robot atroz sin echar una sola mirada hacia el banquillo.

La presidenta interrumpe la sesión.

Los demandantes están sobrepasados. Steve abandona la sala. «¡Siempre igual!». El clan lo sigue.

«¡Es todo un montaje!». Entregado al diablo, el abogado T. corre a reunirse con ellos en el vestíbulo y caldea los ánimos (como si hiciera falta).

Se reanuda la sesión. Sostenida por una guardia, Sylvie vuelve a ocupar su sitio. «Yo quería estar aquí por L., pero es muy duro de oír...».

«Me he dado cuenta de que no desea usted desentenderse», comenta la presidenta.

Sin embargo, es lo que hace, a pesar de su buena voluntad, su cuerpo estorboso se desentiende y vuelve confuso e indescifrable el desarrollo.

Son tres las hermanas W. Hemos visto a la mayor en los bancos de las partes civiles. La mediana, Véronique, no ha tomado partido por un bando ni por el otro. En su casa pasaron Sylvie y las niñas el sábado, víspera de la tragedia. Estaba una amiga, peluquera a domicilio, que les cortó el pelo. Sylvie había traído pasteles. Hablaron de las Navidades.

Véronique ha optado por testificar. Su declaración, con el corazón en un puño, entre lágrimas reprimidas en todo momento, saca por un rato del caos a la audiencia. «¿Qué fue lo que no supe ver aquel sábado?... ¿Qué fue lo que no supe ver ese día? No me di cuenta de que quería suicidarse».

Dice que no ha venido para minimizar los hechos ni atenuar la sentencia. Dice que ha venido por la verdad. Por un juicio justo. Que la muerte de L. le ha quitado su propio miedo al padre. Y del padre se dispone a hablar, el padre al que va a machacar, literalmente. Que reinó como un tirano sobre las mujeres de la casa, agrediendo, humillando, repudiando, que «echó a perder» a su madre, reducida a una presencia espectral y quejumbrosa que amenaza cada semana con acabar en el río, que las dividió.

«Hizo todo lo posible para que no nos quisiéramos. No nos atrevíamos a hablar. No hacíamos más que mentir. Cuando yo era pequeña, mentía para que los demás creyeran que tenía una familia feliz. Vivíamos en una burbuja, aislados, no veíamos a nadie. Sylvie tenía nueve años menos que yo. Yo me marché a tiempo, señoría. Ella no... Mi padre odiaba a Steve. Estoy convencida de que la convenció él de que Steve era horrible. Mi padre ejercía una influencia absoluta sobre mi hermana. Ella ya no tenía una mirada propia. Con ella tenía una palanca: el dinero. Pero eso no era amor, era dominación».

Sylvie solloza. En la sala, la tercera hermana también llora. Durante el receso veremos a las dos mayores volver a hablarse por primera vez en mucho tiempo.

El fiscal:

—Cuesta entender sus relaciones familiares...

—Pero, señor fiscal, me pregunta cosas que no le puedo decir. Nos veíamos, no nos veíamos. Nos peleábamos por tonterías, por pequeñeces. Un día iba todo bien y al siguiente soltábamos una lluvia de reproches. Nos veíamos, no nos veíamos, así eran las cosas.

Cada mañana, trasladan a Sylvie de la prisión a los tribunales.

El jueves, cuarto día de vista, al salir del furgón penitenciario intercambia una mirada con su madre y con su padre, citados como testigos. Unos padres que ella se ha negado obstinadamente a ver desde su encarcelación. Terrible colisión.

Es una criatura desesperada, un mar de lágrimas, la que llega al banquillo llevada por los funcionarios.

La presidenta explica la situación y ordena que entre la madre.

Josiane W., cabello gris ceñido por una felpa negra, avanza apretando con fuerza el bolso contra su parka, completamente perdida, guiada por el ujier hacia el estrado.

Responde sonriente que no recuerda qué edad tiene. ¿Setenta y siete? ¿Setenta y ocho? No recuerda tampoco la niñez de sus hijas, a las que confunde con sus nietas. Pregunta si puede venir su marido.

—¿Ha tenido problemas de salud?

—No. Yo he sido más de depresión. Tomaba pastillas.

Sylvie se ha tapado los oídos, tirita, gime. Su madre parece no advertir nada. Se espabila un poco cuando le preguntan por su marido.

«Cuando tengo que tomar una decisión, siempre le pido su opinión. Así se crea una armonía de pareja importante. Es un hombre extraordinario. No podría haber tenido un hombre mejor».

Agitación en el banquillo. Sylvie está tan encogida que solo se le ven la frente y el pelo. La puerta de atrás se abre. Le ofrecen una palangana. Vomita.

La presidenta invita a la madre a retirarse.

Josiane W. obedece. «Mi marido está esperando aquí al lado...».

Mientras su hija, sostenida por los guardias, vomita hasta la primera papilla, Josiane W. no dirige ni una mirada a la jaula. Repite: «Mi marido está aquí al lado».

La gente se dispersa en un silencio plúmbeo.

Cuando volvemos a la sala, el banquillo está vacío.

Josiane W. se ha sentado al fondo.

Entra Jean-Pierre W. Su mujer le dedica un saludo infantil para que vea dónde está. Él cojea. De cara se parece a Sylvie.

Lo sientan en una silla delante del estrado. Vaquero claro, chubasquero azul marino, deportivas blancas. Bastón entre las piernas. Ha traído una carpeta azul plastificada que se pone sobre los muslos y cuyo contenido nunca conoceremos.

A diferencia de su mujer, él sí tiene la cabeza en su sitio.

«En lo que a nuestra pareja respecta, es sólida. En cuanto a Sylvie, sus hermanas le tenían envidia, y eso causaba graves problemas. Con respecto a las tres hermanas, yo siempre estuve presente cuando me necesitaron... Lo que Sylvie ha hecho es una cosa espantosa que cuesta comprender porque yo siempre he sido un sostén para ella, económico y moral. Desde un punto de vista financiero, me ha salido muy cara. Le costeé un coche muy caro. Cuando estaban en casa, me ocupé por completo tanto de ella como de sus hijas sin reclamarle nunca ni un céntimo...».

Habla de unas hijas «duras», de hecho solo encuentra dos palabras para definirlas: duras y envidiosas. Y mientras el hombre despliega a sus anchas una mezquindad hecha de amargura y resentimiento, se oyen de repente unos gritos procedentes del pasillo de atrás.

La presidenta interrumpe a Jean-Pierre W. y desaparece junto con las otras magistradas y el jurado.

Se oyen pasos, unos golpetazos aterradores, gente gritando: «¡Cálmese! ¡Cálmese!», y por encima de la confusión la voz de Sylvie chillando el nombre de su hija muerta.

La sala se ha vaciado. Las hermanas mayores han salido sin dignarse mirar a sus padres.

El padre se ha quedado sentado, en el mismo sitio, inmóvil, con la carpeta plastificada en las manos.

La madre se ha quedado sentada en el banco del fondo.

¿A qué están esperando? Intimidados por la justicia, no se atreven a moverse. Nadie se acerca a ellos.

En un momento dado, Josiane W. dice: «¿Jean-Pierre?». Él se gira: «Sí». Ella le hace una leve seña.

Detrás de los muros ya no se oye nada. Su hija ha desaparecido, se la han llevado al asilo de los locos, adonde no quería ir.

No se puede estar a la altura de todo.

¿A qué están esperando, solos, encogidos, ignorando o queriendo ignorar la envergadura del desastre que han provocado?

Dijon - noviembre de 2022 - Tribunal Penal de
Côte-d'Or

Gérard

El hombre dice: «Date prisa». Es una orden que susurra con brutalidad contenida. Lleva una camisa de manga corta roja y sostiene una maleta de ruedas por el asa. Recalcando todas las sílabas con su boca matadora dice: «Date prisa. Date prisa, Gérard».

Gérard también lleva una maleta. Tiene dieciséis o diecisiete años, una mascarilla bajada en el mentón, y llora. Están de pie en la parada. En la esquina de una calleja de Venecia y del muelle que da a la laguna. A su lado, la hija y la madre, que no intervienen.

El padre no es capaz de disimular su aversión. Tengo la intuición de que, si no estuviera en público, podría pegar a Gérard.

Gérard es alto y frágil. Tiene la cara bañada en lágrimas y trata de explicar algo que no oigo (no me atrevo a acercarme). No se rebela, devastado por el furor paterno.

Tienen todos sendas maletas en la mano y mascarillas en el mentón.

Hace un día de septiembre espléndido. El cielo está azul. Al fondo del mar turquesa se recorta la basílica de San Giorgio Maggiore. Justo detrás de ellos están la parada del *vaporetto* San Zaccaria y unos vendedores de sombreros y gafas.

No consigo alejarme por la calleja por culpa del sufrimiento del chico. Al cabo de un momento, los veo desaparecer por la derecha, Gérard el último, arrastrando su maleta.

Ligeramente encorvado

Conocí a Bruno Ganz hace muchos años en casa de Luc Bondy.

Hablamos del teatro alemán, de gente que conocíamos los dos y de Venecia. Le dije que un día lo había visto cenando en Campo dell'Angelo Raffaele, un rincón casi desierto y a la sazón desconocido para el gran público.

Tenía un apartamento en las Zattere y allí vivía una parte del año. En los años siguientes nos cruzamos varias veces por Venecia, intercambiábamos amablemente algunas palabras y planeábamos vernos en su casa o en la mía.

Un día —llevaba tiempo sin coincidir con él— lo veo solo a la mesa en la terraza de una bodega delante de la iglesia de San Canciano. Mira a la gente pasar, pensativo, ligeramente encorvado. De su postura emana cierta melancolía. Me digo que ha debido de darse un buen paseo desde su casa hasta esta plaza de Castello. Él no me ha visto y me detengo unos instantes en la esquina de la iglesia, observándolo, sin atreverme a interrumpir su soledad, hasta que por fin me marcho.

Un mes más tarde descubro por la prensa que ha muerto. Lo veo de nuevo sentado delante del escaparate de la enoteca, recuerdo incluso los *amari* de oferta, vuelvo a ver su semblante dulce, su pelo largo, la postura de su cuerpo, y me arrepiento de mi indecisión. Me digo que tenemos los días contados, que los momentos son únicos y nunca se repiten. Me pregunto si él sabía que estaba enfermo aquel día, en aquel barrio tan distinto del suyo, donde se creía a salvo de miradas.

Dos años más tarde, en junio, regreso de San Francesco della Vigna con mi hermana. Pasamos por delante de la bodega. ¡Está ahí Bruno Ganz! Ha regresado de entre los muertos. El mismo hombre, un poco más viejo, sentado a la misma mesa, presa de la misma soledad, según un ritual inmutable, lo comprendo de inmediato. Seguramente nunca ha sido actor ni se llama Bruno Ganz, pero está ligeramente encorvado y observa el desfile de turistas con semblante dulce.

Dos versiones

Una mañana de noviembre, Fabienne Kabou salió de Saint-Mandé con su hija de quince meses, Adélaïde, en dirección a Berck-sur-Mer.

Cogieron un tren TER en París hasta Rang-du-Fliers, luego un autobús. Después fueron andando hasta el hotel Le Littoral. Una cámara de vigilancia las captó en la gare du Nord. Una visión un poco temblona de total banalidad. Entre los viajeros, una mujer negra con una parka oscura y el pelo recogido en un moño pequeño lleva en su carrito a una niña en buzo con capucha y forro de piel.

Esa misma noche, la madre la deposita en una playa de Berck con la marea creciente, la abandona y se marcha.

«La mezo, le doy el pecho, la dejo en la arena y ante su silencio me marcho».

A su regreso, le confirma al padre que la hija de ambos ha subido a un avión rumbo a Dakar con su abuela materna. Él las había acompañado al inicio del viaje, hasta la parada del autobús.

La pequeña se llamaba Adélaïde. Adélaïde a secas, pues oficialmente no existía. Su madre la había parido sola en casa, en ausencia del padre, que cuidaba de su hermano enfermo, y no la había inscrito en el registro civil.

Si el mar se la hubiese llevado, habría ido a parar a la gran fosa de los ignotos.

Fabienne vivía en la casa de aquel hombre treinta años mayor que ella.

Le mentía sobre casi todo. Él la creía. Le costeaba una carrera de Filosofía más o menos real y cubría todas sus necesidades. Una generosidad, una confianza ciega que, sin embargo, en los primeros días de audiencia le granjean al hombre una serie abrumadora de preguntas degradantes y normativas acerca de su vida de pareja.

Los psicólogos batallan y rivalizan. ¿Derrumbe psíquico o locura? ¿Gran mentirosa, gran delirio? ¿Depresión, psicosis? Todas las construcciones se sostienen. Ninguna arroja una luz concluyente.

La acusada no aclara mucho más, todo lo contrario. Su lenguaje refinado, su gestualidad de oradora desconcentran y confunden. Guapa, culta, descarrila mediante deslices sutiles y una frialdad inadaptada. Presente sin estarlo, como si flotara por encima de sí misma, coopera en el interrogatorio, trata de descifrar un «acto» que se le antoja «grotesco» y cada vez más opaco.

Acerca de la sucesión de los hechos, no obstante, todo el mundo coincide.

Una mañana de noviembre, Fabienne Kabou sale de su casa para entregar a las olas a su hija en una playa de Berck.

Se trata de un proceso simple, sin complicaciones y sin palabras. Cuando es noche cerrada, sale del hotel con la criatura en brazos. Bordea el mar y la deposita en algún punto junto al agua. «Me sentí presionada, gobernada por una fuerza sin nombre».

La niña aparece muerta a la mañana siguiente, con un hilillo de sangre debajo de un ojo y un bracito en el aire. Se muestran las fotos durante la vista.

Con este material áspero y lleno de huecos, la defensa y la acusación construirán cada una el templo que actuará como verdad.

Cuando la intriga es simple, soberana es la narración.

La letrada Roy-Nansion oficializa la voz interior que ordena y guía. Una locura arcaica, allende las vicisitudes. Da igual cómo quiera llamar la ciencia a ese trastorno. Tras los pasos de su clienta, con el cuerpo completamente orientado hacia el jurado del Tribunal Penal de Saint-Omer, Roy-Nansion compone una partitura a la antigua: las horas y los minutos, los lugares, todo es signo.

«Coge el autobús. El de las diez. Estación Demi-Lune. Línea 46. Se dirige hacia el mar. Es como si el autobús la esperase a ella. En su cabeza, un mensaje: ve al mar, Fabienne, y haz lo que tienes que hacer... Diez cuarenta y cinco, gare du Nord, el gentío inconsciente, insensible al drama que se está fraguando. El tren, el de las once cuarenta y seis, como si la esperase... Catorce horas veintitrés, estación de Rang-du-Fliers. Y en todo momento ese mensaje que manda: ve al mar, Fabienne… La facilidad de ese viaje. Como si el viento soplase a su favor, afirma ella misma. Coge el autobús con todas las personas que se dirigen al mar. Quince horas cero cinco, Berck-sur-Mer. Recorre las calles, baja a la playa. Se cruza con una señora simpática con un perro simpático. Pero ese viento que la impulsa, ese viento malo… Hotel Le Littoral, avenue Marianne-Toute-Seule. Habitación número once. Ducha, comida. Lactancia. Veintiuna horas, sale. Tiene una consigna. Quiere transgredirla, no puede. Avanza en línea recta. De pronto se enciende un foco. No, es la luna. Reniega de la luna. Hace lo que tiene que hacer. Echa a correr sin mirar atrás. ¿Mirar atrás? Demasiado tarde… Esta mujer fantasma acompañada de su hija fantasma ha llevado a cabo una odisea hacia la muerte».

Sin perturbaciones. Elementos silenciosos, un decorado vacío en el que ni siquiera se hace oír el rumor de los pasos.

La protagonista meció a la niña, la alimentó, depositó la ofrenda a la noche, al mar, a los elementos ocultos que la guiaron. Y allí la dejó.

Una escena casi religiosa, la niña saciada y dormida con la cabeza apoyada en el hombro de la madre, la ausencia de temor, la oscuridad que protege y se traga la razón.

Tal es el espíritu de la versión de Roy-Nansion ante el jurado del Tribunal Penal de Pas-de-Calais.

Completamente distinta es la de Luc Frémiot, el fiscal.

A él «le traen sin cuidado los psiquiatras» y «su guerra absurda». Igual que desestima el «depósito» apacible y la muerte apacible de la niña en la arena. Él no ve un simple trayecto alucinado sino un camino horizontal y obstinado hacia el lugar del abandono perpetuo.

Luc Frémiot no se dirige al jurado sino a ella, a Fabienne Kabou. No habla de locura sino de violencia.

«Pensó usted en esa playa del norte, como declaró durante la instrucción, señora mía, porque pensó que el mar se la llevaría. Su intención era que nadie la encontrase. Imagino a la pequeña jugando con el trenecito de madera de su padre mientras su madre, a su lado, busca los horarios de las mareas por internet. Busca las mareas más fuertes de esa semana. Describe una fuerza que se adueñó de usted, que si brujería, que si unas voces... Dice que la empujó el viento, pero no fueron ni el viento ni las voces, sino su determinación».

Con Luc Frémiot se acabó el *fatum*. Adiós a las sombras misericordiosas de Eurípides o Marguerite Duras. Se acabaron el cántico, los mandatos misteriosos y el tiempo suspendido. Volvemos a los elementos en bruto, al ruido, al cuerpo.

«Llega a esa ciudad triste... Sale del hotel, se encamina a la playa. Ha dejado el cochecito contra la pared. Pasa por entre los charcos con la niña en los brazos... Hace frío, sopla viento, el rocío del mar agrede el rostro... Esa noche la temperatura del aire roza los cero grados, la del agua, trece grados... No creo para nada que la niña esté a gusto en sus brazos. Usted sigue avanzando. El ruido del mar es potente. Camina por la arena. Esta se endurece cuando sube la marea... Siempre con la niña en brazos, como un bulto. Dice que la deposita en la arena, que se la ve serena. Es su mentira más insoportable, señora Kabou. Los niños tienen instinto. Proporciona usted estos detalles: afirma que la bebé no reacciona y que por tanto usted se marcha. ¿Debemos creer que la culpa es de la niña? Usted la deja allí con la esperanza de que la marea se la lleve. La echa al agua como quien echa un salvavidas. Esa noche se mató usted. Se condenó definitivamente, a perpetuidad».

Saint-Omer - junio de 2016 - Tribunal Penal
de Pas-de-Calais

Anthony Laroche

El hombre que se presenta en libertad tiene la espalda arqueada dentro de un traje gris arrugado y demasiado ancho.

Dos mujeres lo acusan de «violación por sorpresa» (concepto reciente y difícil de aprehender).

En el momento de los hechos, Jack Sion tiene sesenta y seis años, subsiste gracias a una pensión mínima y a pequeños contratos de publicidad para comerciantes. Vive en Niza, en el piso de su difunta madre.

En las webs de contactos que iluminan sus días es Anthony Laroche, treinta y ocho años, tío guapo y cuadrado tipo yanqui, interiorista en Mónaco.

La foto de perfil muestra a un trasunto de Richard Gere con bufanda de cachemir. Jack sacó la imagen de un anuncio de ropa Marlboro.

Anthony Laroche causa furor. Centenares de mujeres —trescientas cuarenta y dos, según la investigación— entablan conversaciones que continúan en otras redes o por vía telefónica. Anthony tiene voz de terciopelo y mucha labia. Se convierte en confidente, consejero, amante virtual. «Su voz me cautivó. Encajaba a la perfección, serena, cálida, tranquilizadora. Se interesaba por todo, mi salud, mi trabajo».

Ellas le envían fotos subidas de tono o vídeos masturbándose.

Jack está contento. Recibe material para fantasear y llenar sus horas.

Él con eso ya tendría suficiente.

«Era estupendo quedar por las noches cada uno en su cama, sin riesgos. Así yo podía ser el modelo de la foto y ellas, Monica Bellucci».

Por desgracia, una cantidad considerable de chicas desea verlo «en persona». En un bar o un espacio público. Anthony sale por la tangente, está demasiado ocupado, preferiría que el encuentro fuese original y mágico. «Un restaurante es demasiado papá-mamá». Ídem en lo que respecta a las conversaciones a cara descubierta con la webcam encendida.

A las que insisten les propone una aventura picante. Ir a su casa, llamar por el interfono, colarse en el piso por la puerta entreabierta, dejarse guiar por su voz hasta el dormitorio, desvestirse y tumbarse desnudas en la cama, donde encontrarán un antifaz.

Las dos condiciones del maestro de ceremonias: prohibido quitarse la venda antes del final del encuentro sexual y prohibido tocarlo, de lo contrario, habrá un castigo.

Veinticuatro mujeres acuden. Algunas se marchan de inmediato, repelidas por el aspecto anticuado del mobiliario, el olor a tabaco y el polvo. Otras siguen adelante. Se desnudan, se ponen el antifaz de una compañía aérea y se dejan atar las manos con el cinto de un albornoz.

Ninguna se queja del desempeño sexual (más o menos completo, según la disponibilidad del amante).

En todos los casos, Anthony se muestra tierno y considerado.

Cuando ellas se quitan la venda, Anthony ha dado paso a un Jack Sion tumbado a su lado, viejo y barrigón. El príncipe convertido en sapo. Atroz decepción. Las mujeres se sienten «engañadas, asqueadas, mancilladas».

Casi todas salen por pies, abochornadas.

Dos de ellas denunciarán por violación.

Ahí están, primera fila a la derecha, una junto a la otra, Ondine G. y Marie-Claude S., compañeras de infortunio, literalmente mimadas por sus abogados y por todos los miembros del tribunal. No pasa ni un segundo sin que les susurren algo al oído o les froten la espalda. El fiscal es su más ferviente apoyo.

De un lado tendremos al depredador, al pervertido (debería prohibirse esta palabra, de tanto como se ha despojado de sentido) a quien el presidente solo se dirigirá con el tono que se reserva para las personas que se desprecian; del otro lado, a las conmovedoras víctimas.

Hay muchos enfoques posibles desde los que analizar este juicio. El sometimiento a los caprichos de nuestro tiempo, el triunfo de la moralina, la asombrosa mediocridad del tribunal penal, del fiscal (se lleva la palma), de los psiquiatras.

Pero de quien me gustaría hablar es del príncipe azul. Del hombre que no existe y que sin embargo existe.

Las veinticuatro mujeres han acudido a declarar. Algunas desde la distancia, por videoconferencia. Mujeres solas, solteras, separadas, con o sin hijos.

Tienen en común haber experimentado sentimientos de amor por Anthony y haber deseado que la bonita historia durase.

En común también, haberse preguntado qué hacía semejante bombón en una web de contactos. A las que le plantearon la pregunta abiertamente, Anthony les contestó que estaba harto de la jet-set y las modelos. Que aspiraba a una historia de verdad con una mujer de verdad.

Espléndida respuesta que elimina toda sombra de duda.

«¿Por qué me pasa esto a mí? —pensó Marie-Claude—. Pero ¿por qué no me iba a pasar a mí? Me dije: al fin y al cabo, yo lo valgo».

Ondine se expresará prácticamente con las mismas palabras. Y las demás testigos, igual. No hay ninguna diferencia entre creer y querer creer, tan grande es la búsqueda del amor. Una chica acudió tres veces al piso antes de quitarse el antifaz.

—Me pareció raro que un tipo como él contactara conmigo. ¡Conmigo! Me sonaba a trampa, pero seguí adelante. Quería creer. A la tercera vez, me quedé en shock.

—¿Por qué no se quitó el antifaz a pesar de las dudas?

—Me daba miedo llevarme un chasco.

Ondine G. y Marie-Claude S. lloran a moco tendido durante su declaración. Lágrimas profundas que vienen de lejos.

Lloran no la deshonra ni la humillación, lloran la ausencia de milagro.

Lloran a la elegida que nunca serán.

En la mitología de las chicas están el príncipe y la perla que saldrá del estiércol.

En el juzgado repiten de nuevo, hasta la saciedad, esa bonita historia como algo vivido y valioso.

Marie-Claude afirma que, cuando salió consternada del edificio de Jack Sion, lo primero que pensó fue en llamar a Anthony para que la consolara.

Montpellier - octubre de 2021 - Tribunal Penal de Hérault

El librero

En Venecia había una librería francesa, una pequeña y encantadora institución fundada treinta y cinco años atrás y regentada por un amigo de mi primo.

Un día, antes de que lamentablemente la librería echara el cierre y, en virtud de la cuesta abajo fatal de la ciudad, fuese sustituida por una pizzería, decidí ir a comprarle unos libros.

El local quedaba por la zona de San Francesco di Paola, es decir, relativamente lejos de mi casa. Se alegró de verme, nos tratábamos de usted a pesar de que tanto la edad como el vínculo familiar podría haber dado pie a una mayor cercanía. Le dije que quería nutrir el fondo de mi nueva biblioteca con algunos clásicos y buenos libros que no hubiese leído.

Estuve eligiendo tranquilamente algunos títulos mientras él atendía a otros clientes. Una vez liberado, se acercó y, colocándose detrás de mí, se puso a observar mi búsqueda. Me vi acorralada en un rincón. Hacía mucho calor y no había aire acondicionado. Me habló de Proust y de Romain Gary, que triunfaban entre los italianos francófonos, y mientras yo hojeaba *La promesa del alba* me dijo a la vez que agarraba un volumen colocado de cara, muy visible:

—¿Sabe usted que yo también acabo de publicar un libro?

—Ah, no. Magnífico...

—Sí. Desarrollo una visión totalmente nueva de la pintura renacentista.

—Ah, magnífico...

—Bueno, ¡del Renacimiento veneciano!

Acarició el título de la cubierta, *¿A qué santos encomendarse?* Y mientras yo abría el libro por la primera iconografía, el *Retablo de san Juan Crisóstomo* de Bellini, se entusiasmó:

—¡Mire, Yasmina! ¿Quiénes se supone que son los personajes?

—Pues...

—San Cristóbal, y no san Juan Crisóstomo, eso nadie lo discute. San Luis de Tolosa y san Jerónimo, ¿estamos de acuerdo?

—Por supuesto.

—Pues precisamente, ¡no está tan claro! ¡Ja, ja, ja! Fíjese bien en san Jerónimo, ¿qué hace con esa estola roja sobre los hombros? Giambellino lo pintó varias veces, pero nunca de rojo. Él nunca empleó ese color para representar a san Jerónimo; siempre el blanco, el azul a lo sumo, pero ¿el rojo? Jamás. ¿Y por qué? Porque el rojo es el color de san Juan Evangelista.

—Ah, sí, sí...

—Y el león ¿dónde está?

—Pues...

—¿Y por qué Giambellino no le pone su piedra en la mano?

—Es verdad... Parece apasionante, me lo llevo.

—¿Y su cruz?

—Ya...

—Pues sí. De modo que yo deduzco: ¿es san Jerónimo o es san Juan? ¿O san Antonio Magno? ¿O, mejor todavía, un simple anacoreta, un padre del desierto simbólico?

—No me lo cuente todo, que me va a destripar el libro. Lo coloco encima de mi pila...

—¡No olvide que a principios del siglo XVI el debate entre los partidarios de los seculares y los regulares estaba en pleno apogeo!

—Cierto.

—En cuando a san Cristóbal, fíjese en el báculo, ningún ornamento, ni dátiles, ni hojas de palma.

—No.

—¿Qué nos está diciendo Giambellino? ¡Que todavía no ha cruzado el río! ¿Y qué nos revela eso a su vez?

—Ya lo descubriré.

—Fíjese en su mirada exhausta.

—Lo miraré tranquilamente...

—El báculo aún no es el árbol de la vida. El réprobo está en camino. Pero larga es la vía de la santificación.

—Mire, Dominique, me parece apasionante todo esto que me cuenta, pero también me complace establecer con las obras un acercamiento puramente sensorial...

—¡Bravo! Me alegro de que diga eso. Yo siempre digo que el arte, por encima de todo, son manchas de color, ¿conoce la anécdota de cuando Dubuffet no era capaz de reproducir una barba? Aplicó la esponja sobre el mentón del personaje ¡y ahí estaba su barba! ¡La mancha ideal!...

Y aquí, fíjese en la gran mancha del centro, la roca, la roca en la que arraiga el árbol, la gran mancha pesada sobre la que está sentado el asceta, ¿acaso no es también la solidez del pensamiento?

En el Lido

En la playa del Lido, al final del espigón que conduce al faro, hay un chico gordo de piel muy pálida sentado junto al agua. Sus piernas rígidas están estiradas sobre las conchas rotas y el mar viene de vez en cuando a recubrirle los pies. Lleva unos pantalones cortos blancos y una camiseta roja. Se mantiene encorvado y sus brazos rechonchos excavan la arena a ambos lados en un gesto fútil y desganado.

La víspera lo vi en la misma postura, con el torso al descubierto, y sufrí por esa piel blanca ofrecida tan irracionalmente al ardor del sol.

Hoy coincidimos otra vez y sufro de nuevo. Sufro de verlo en la misma posición de hastío y melancolía. Debe de tener dieciséis o diecisiete años. Se siente feo. Demasiado gordo y de piel enfermiza.

Unos pocos niños corren a su alrededor. El viento cálido y el rumor de las olas amortiguan sus risas. La luz es rosada. Las mujeres italianas van en bañador de dos piezas hasta los cien años. Un perrillo duerme en un remanso de sombra bajo un quitasol con flecos.

El único que no está bien es el ballenato varado en la arena mojada.

La vida de Corinne M.

Algunas veces no es un juicio sino una zambullida abrupta en una vida.

En una sala casi vacía, una mujer menuda con un bonito peinado se encuentra sentada entre su hijo y su esposo. El hijo, que no abrirá la boca en ningún momento, que lleva el cuello del gabán subido hasta las orejas, ha llegado con mucha antelación. Sigue él solo el primer caso de la jornada, una trifulca sangrienta entre yonquis en una casa okupa.

La mujer lleva un vestido estampado con flores blancas y verdes, chaqueta a juego, medias oscuras y unas manoletinas negras con taconcito. Un atuendo a caballo entre dos estaciones.

Una mañana de febrero de 2018 se le ocurrió la idea de *acabar con todo*. Inyectó una sobredosis de insulina a su hija antes de administrarse a sí misma las dosis que quedaban.

La hija tiene veintiséis años. Desde la infancia sufre el síndrome de Rett, una enfermedad neurológica muy incapacitante a la que se le sumó una diabetes insulinodependiente. Necesita que le den de comer, la aseen, la cambien, la sostengan cuando se pone de pie, y solo se expresa mediante gritos. No hay noche serena a su lado pues es preciso estar vigilando constantemente sus niveles de glucosa en sangre.

El marido es bipolar. Inestable, egocéntrico y comprador compulsivo. Lo mismo puede volver a casa con seis vídeos que al volante de un Range Rover nuevecito comprado a plazos (la familia cobra una pensión de dos mil trescientos cincuenta y cuatro euros mensuales). Cuando lo contrarían, amenaza con tirarse de un acantilado.

Por supuesto, no se encarga en absoluto de su hija. Y de su mujer, menos aún.

«Un día le dije a mi marido: Estoy muy cansada. Me contestó: Yo también».

En la casa, la mujer se ocupa de todo. Todo. Cuando sale a hacer la compra, su hija grita hasta que regresa.

—¿Tenía usted vida social?

—Muy poca.

—¿Vacaciones?

—Las únicas veces que nos decidimos salió mal. En Ardèche, al tercer día la tuve que hospitalizar por unas fiebres. Probamos con los Center Parcs, pero era mucho lío, hay que prever un espacio medicalizado, siempre prever...

—¿Pidió usted ayuda?

—Me costaba. Pensaba: pedir ayuda equivale a reconocer que no llegas... Cuando la ingresábamos, volvía perturbada. Me sentía mal.

Tiene las manos bonitas, dedos largos que agita con dulzura.

—¿Su marido no se daba cuenta de que estaba usted al borde del colapso?

—Amenazaba con tirarse de un acantilado de Cap Blanc-Nez si lo abandonaba o si le impedía hacer sus compras... Ahora está más estable...

El marido escucha desde su banco, con las manos en los bolsillos de la cazadora. Bajito, congestionado y gafudo, exánime. Cuatro pelos tratados con una loción capilar colorante, tal vez el único elemento de coquetería vinculado a su cuidado personal. El hijo del gabán es totalmente opaco.

Hemos visto fotos del cuarto de baño y de las habitaciones de su casa. Por todas partes, peluches y un suelo de baldosas blancas para la silla de ruedas. Cuadros anticuados en varias paredes forradas con papel pintado.

Corinne M. no murió, y su hija tampoco. En el momento en que se sintió desfallecer, oyó a su hija gritar. Temió —su mayor miedo— morirse y dejarla sola. Subió a decirle a su marido que había «cometido una estupidez». Él llamó a los servicios de emergencia y las dos mujeres sobrevivieron.

Corinne M. dirá que actuó así a raíz de un episodio de melancolía y agotamiento. Que jamás hubiese querido matar a Émilie.

Terminar con todo es una idea confusa, nace de un tiempo gris, de noches sin dormir, no se sabe adónde conduce.

Corinne M. fue acusada en primer lugar por «asesinato en grado de tentativa» antes de que el juez de instrucción recalificara los hechos como «administración de sustancias nocivas».

Por ese motivo comparece hoy en Saint-Omer.

Van interviniendo por turnos todos los actores del mundo judicial, el abogado de la acusación particular, el fiscal, el abogado defensor, todos compasivos, todos velando por no añadir un dolor adicional.

Cuentan, cada cual según su estilo, los días invariables, los cuidados, la ausencia de noche, el horizonte limitado a la casa embaldosada, cuentan la fatiga y la abnegación, una existencia reducida a ser solo para otro. «La vida de Corinne M. se volvió Émilie», dice el fiscal.

Émilie vive en la actualidad en un centro especializado. Sus padres pueden sacarla un sábado de cada dos. «No ha debido de entender la separación. Fue brutal. No ha debido de entenderlo. Y pienso en ello a diario...».

Corinne M. reconoce que llegó al límite de sus fuerzas y acepta que su hija esté en una institución.

—Siempre que me ve se pone contenta. Reclama muchas carantoñas, gestos de cariño. Pero no puedo verla a solas, sacarla a pasear yo sola. No lo tengo permitido. Si Navidad cae en domingo, no podré verla en Navidad.

—¿Comprende usted que la justicia debe asegurarse de que usted ya no encarna un peligro para ella?

—Nunca más lo seré. He causado demasiado daño a mi familia.

Ahora, Corinne está menos cansada. Los M. salen un poco, hacen actividades que antes tenían vedadas.

La escuchamos con alivio porque ¿acaso no es esa la norma de la felicidad? La vida social, las distracciones. Sin embargo, ella lo cuenta sin atisbo de alegría.

En ausencia de la niña salvaje, indefensa y ávida de todo, la existencia avanza a paso de tortuga, libre y dando tumbos.

Saint-Omer, Pas-de-Calais - octubre de 2022 -
Tribunal Correccional

Don Mariano Luis de Córdoba

Llegó a nuestra casa en los años sesenta.

Éramos tres hermanos. Yo era la mayor, luego venía mi hermana Saideh y por último estaba el pequeño Jean-Philippe, que tenía apenas un año. Sabíamos que era española, pero hablaba francés a la perfección. Iba a pasar un año en nuestro país, pero la muerte del comandante Carrasco la llevó a quedarse hasta el fin de sus días.

Yo compartía habitación con mi hermana. Después de la cena, ella se instalaba en una silla entre las dos camas, con una labor de costura o de ganchillo en las manos, y nos contaba historias de su vida. La historia de los agujeros de obús en Chauny, y de España, el primer novio, el primer fusilado, el soldadito huérfano, la casa de modas, el comandante Carrasco, el amor prohibido de su vida (estaba casado, para colmo con una franquista). Pero las historias que más nos gustaban eran con diferencia las de la casa de madame Conchita.

La casa de madame Conchita era la de don Mariano Luis de Córdoba, caballero cubierto ante el rey (nosotras no entendíamos lo que eso significaba, pero intuíamos que era de suma importancia).

Mademoiselle, como la llamábamos mi hermana y yo (mi hermano le decía Tata), había vuelto a España con veinte años, uno antes de la revolución. Se llamaba Andrea Peralta. Tenía un contrato de trabajo con «una de las familias más ricas de Jaén» como institutriz para enseñar francés a los niños de la casa.

Nos contaba cómo era la vida en casa de los grandes de España, los mil y un pequeños dramas de la vida doméstica, sus desavenencias con la nodriza, las riñas de los niños, los roces con madame Conchita, la madre de los chiquillos, a la que ella tenía más o menos aprecio. Se acordaba de todo, era una narradora admirable y a nosotras nos chiflaban aquellos chismes de otros tiempos.

Don Mariano Luis de Córdoba, al que ella se refería como «don Mariano» con deferente afecto, era el personaje que sobrevolaba todos los relatos.

Nos decía que un día, mientras paseaba por la calle, lo vio quitándose la capa y cubriendo con ella a un pobre que tenía frío.

Mademoiselle hacía una pausa y repetía con aire serio y los ojos entrecerrados: Sí, señor, eso hizo don Mariano Luis de Córdoba.

En otra ocasión, nos contó, al ver a una mujer vacilar ante un charco desplegó su capa en el suelo para que ella pudiera cruzar sin mojarse los pies.

Sí, señor, eso había hecho don Mariano Luis de Córdoba.

Los espíritus de la fiesta

A tres metros y pico de distancia comparecen Hubert Caouissin y su excompañera, Lydie Troadec.

Hubert mató a toda su familia política, matrimonio y dos hijos —una masacre— y luego descuartizó y destripó los cadáveres, cuyos restos repartió por los cuatro rincones de su granja siniestra. Lydie ayudó con la logística.

Hubert tiene buena presencia, como suele decirse.

Moreno, con el pelo echado hacia atrás y las manos detrás de la espalda (el tercer día lleva una camiseta de manga corta turquesa ligeramente jaspeada), cuenta su vida a petición del tribunal.

El menor de cuatro hermanos. Una madre que se hunde en el alcoholismo poco después de que él nazca. «Mi madre bebía rosado todo el día. A veces se ponía violenta, gritaba obscenidades, le pegaba a mi padre. Reinaba un clima de miedo. El problema de los bofetones no era la cantidad, sino que eran traicioneros, imprevisibles». Un padre que no supo protegerlo y que murió cuando él tenía veinte años. Una adolescencia sombría, poco éxito con las chicas.

Un buen día conoce a través de Meetic a Lydie Troadec. Una chica tan sola, tan perdida como él. Su padre vende fruta y verdura en los mercados de Brest y le pega. Una madre inútil, nada cariñosa, un hermano con el que mantiene una relación complicada, una única amiga de la infancia a la que ve muy de tarde en tarde.

Son jóvenes pero carecen de ligereza. Tienen sueños que cuesta mantener. La diversión sucede a lo lejos. Los espíritus de la fiesta pasan de largo.

Se van a vivir a una granja en Pont-de-Buis, alejada de todo. Construcciones más o menos abandonadas, bloques de hormigón, en medio de una vegetación de zarzales y turberas. Tratan de repararse mutuamente. Lydie cree que Hubert es fuerte. Tienen un niño con problemas de salud que acaban desescolarizando, Lydie tiene cáncer.

Poco a poco, todo se echa a perder, Hubert empieza a oír «sonidos graves» y deja el trabajo. La pareja se aísla y se obstina en la convicción cada día más descabellada de que el hermano de Lydie, Pascal Troadec, no solo ha robado «el tesoro» (unos lingotes de oro que nunca existieron) escondido por su padre en una pared, sino que también se dispone a asesinar a su hijo, uno de los herederos de esa fortuna imaginaria.

Es una vida de repliegue sobre sí mismos, de locuras razonables. El túnel de soledad y obsesiones en el que sucede la existencia de ciertos hombres.

A Hubert lo describen como un empleado servicial, reservado, poco hablador. Una compañera de trabajo declara que era un compañero de trabajo. Añade que era también amable, educado, y repite: «Era un compañero de trabajo». *A priori* no tiene nada más que decir. Un catálogo de la tristeza como los que se pueden examinar en todos los tribunales penales. Nada que pueda reducir el aspecto vertiginoso del acto a la comprensión.

Pero la presidenta es moderna. Se ha nutrido de conceptos virtuosos. El primero es que los debates deben mantenerse en una «atmósfera serena y digna», de suerte que cualquier palabra más alta que otra queda terminantemente prohibida.

Llamada de atención a los fiscales cuando la emprenden con la acusación particular, llamada de atención cuando Hubert exclama «¡Tú no viste nada!» a su hermano, que ha salido a declarar... Todo lo alisa la maestra de escuela. Se juzga un asesinato cuádruple agravado por el descuartizamiento de los cadáveres, pero el tono debe ser educado en todo momento, ninguna exaltación ha de perturbar la venerable labor de la justicia. Un temor a los desbordamientos que lo torna todo lúgubre e irrelevante. Temperar, apaciguar hasta la idiotez ahí donde precisamente la tensión podría arrojar algo de luz. Es el gusto moderno, el honorable declive de nuestro tiempo.

El otro concepto, su corolario, es que el mal puede explicarse. Que el uso de la lógica —el acusado ha demostrado método en la gestión de los cadáveres— señala una mente astuta y calculadora.

El interrogatorio sobre los hechos, completamente orientado a demostrar que hubo premeditación, se transforma en acoso y absurdo. Desde el primer día se hace evidente que Hubert Caouissin posee un cerebro inflexible y en constante ebullición. El hombre ha sido absorbido por un sistema cerrado que convierte cada interrogante en certeza y que no deja pasar los matices de la realidad. Todo lo agrede, todo conspira para hostigarlo.

¿Habitado por qué obsesión se coló de noche ilegalmente en el domicilio de Orvault y masacró al hermano de Lydie, a su mujer y a sus dos hijos con una especie de pie de cabra con una sola uña que encontró allí mismo? ¿Por qué razón se metió en la casa? ¿Para recuperar «el tesoro»? ¿Para salvar a su propio hijo? Nunca lo sabremos. Él afirma que lo hizo para espiar y no para matar. La premeditación se abandonó en el transcurso de la instrucción.

La presidenta no ceja, quiere saberlo todo acerca de los golpes, el orden, la sucesión, las posiciones. Él dice que no sabe, que es todo muy confuso, ella insiste, él asegura que no se daba cuenta de que estaba matando. Ella lo atosiga entonces a propósito del despiece y los detalles de todos los actos de desintegración de los cuerpos. Él repite que quería «que eso dejara de existir».

—¿Por qué empieza por Sébastien? ¿Por qué termina con Pascal? ¿Fue realmente cosa del azar?

—Sí, ocurrió así. El sábado me encargué de Sébastien, el domingo de Charlotte y Brigitte, el lunes terminé con Pascal.

—¿Cómo cortó cuatro cabezas? ¿Cómo procede con las cervicales? ¿Por qué retira la piel y los músculos? ¿Por qué retira los pedazos? ¿Por qué actúa de esa manera?

Lee los pormenores de los testimonios. Repite hasta la saciedad el verbo «eviscerar». La cremación de las partes, el detalle de los restos que no arden, que él cargó en cubos y dispersó a mano entre los juncos y las zarzas.

—¿Por qué?

—No quería ver nada más.

—Esperaba que lo devorasen las alimañas.

—No pienso en eso.

—¡Señor Caouissin, tiene usted sentido común!

—Es necesario que deje de verlos, que eso deje de existir.

Introdujo las cabezas en una bolsa de basura que luego echó al fuego.

—Cuando entierra los cráneos, ¿son aún cabezas o solo pedazos?

¿Para qué? ¿Para qué esta búsqueda de la verdad ridícula y quimérica? Hubert se adentró en la niebla y la violencia. En ningún momento ha negado los crímenes. Para sobrevivir a su realidad se lanzó a una carrera desenfrenada hacia el vacío, hacia la inexistencia del acto, hacia la anulación de las vidas mismas.

La presidenta es aplicada, testaruda. Se empeña en que Hubert actuó con meditación, no quiere al hombre descontrolado, desesperado.

Ella cree en el bien o en el mal.

Ella solo es jueza. No ha aprendido a trascender las categorías.

Nantes - junio de 2021 - Tribunal Penal de Loire-Atlantique

Christmas song

La presentadora de radio da la bienvenida a la cantante Natasha St-Pier, que saca un disco de villancicos.

A la pregunta de por qué lo saca ya, es decir, a primeros de noviembre, la cantante contesta: «Porque quiero que este álbum lo tengáis ya para los preparativos, quiero que lo tengáis cuando estéis envolviendo los regalos, cuando pongáis el árbol, cuando preparéis las recetas tradicionales de vuestra familia».

Mis primeros años transcurrieron en un piso oscuro y angosto del boulevard Exelmans. Me acuerdo, creo, del pasillo que conducía a mi dormitorio, de la cocina sin ventana donde me lavaban.

La Navidad no existía en aquel entonces. No conservo recuerdo alguno de árbol, de fiesta, de nada parecido a la Navidad.

Luego, mi padre ganó dinero con los negocios y nos fuimos al piso de Saint-Cloud. Era significativamente más grande, oscuro no pero sí sombrío por culpa de los visillos que a mis padres les gustaban, y en la zona infantil, lo más impersonal posible.

En Saint-Cloud empezamos a festejar la Navidad. Veo un abeto grande con guirnaldas delante de la chimenea condenada y rincones en el suelo con regalos empaquetados.

No sé quién decoraba el árbol. Seguramente, no mis padres. Sin duda Concepción, que se encargaba del mantenimiento de la casa. Mi hermano y mi hermana, más pequeños, recuerdan haberlo puesto más adelante, a instancias de Mademoiselle.

En Nochebuena esperábamos en nuestro cuarto, en pijama, limpitos y bien peinados (habíamos cenado solos en la cocina previamente, ningún festín).

En un momento dado una campanilla nos advertía de que había pasado Papá Noel. Corríamos al salón al mismo tiempo que aparecía tímidamente toda la familia de Concepción, su marido, Ramón, su hermano, su cuñada, la hija de ambos, María Dolores, y alguno de los padres. El sofá estaba abarrotado de regalos para ellos. Mi madre había escrito los nombres de todos y se encargaba de repartirlos ataviada con un elegante salto de cama. Unos paquetes blandos y mal hechos, todos con el mismo papel de envolver, elevaban al rango de regalo los prototipos sin vender de prendas de vestir que mi padre importaba del Lejano Oriente y distribuía a mayoristas.

Los juguetes que yo recibía rara vez se correspondían con mis deseos. Eran pocos y no conservo recuerdo de ninguna sorpresa ni alegría especial. Le he preguntado a mi hermana y ella tampoco.

Mi padre vagaba por la estancia observando el alboroto con desprecio. Se esforzaba por hacer alarde de su humor siniestro. Mi madre actuaba con desparpajo, como en una recepción de beneficencia.

Una vez abiertos todos los regalos, empezaba a poner orden con febrilidad. El fastidio había terminado. Nos retirábamos a nuestros aposentos. Concepción y su familia se iban cargados con sus aguinaldos y los envoltorios arrugados.

El salón recuperaba su disposición impecable.

Más adelante, ya adulta, he reconocido ese mismo paisaje ficticio en una foto famosa de Diane Arbus: *Árbol de Navidad en una sala de estar en Levittown*. La limpieza aséptica de la estancia, el espesor del vacío en torno a la monstruosidad titilante y los regalos dispuestos a sus pies, como en un escaparate.

Cuando Alta y Nathan eran pequeños poníamos el abeto en la entrada, que era grande. Los veía decorarlo bajo la luz demasiado difusa del plafón. Se afanaban, sembrado el parqué de polvillo dorado y ornamentos diversos, ponían a todo volumen en un radiocasete grandes éxitos navideños americanos que también ellos cantaban, me abrumaba su frenesí.

En la radio, la presentadora y la cantante hablan de la magia de la Navidad, de la gracia de esa época del año que la música contribuye a hechizar. «Canciones que nos conmueven y nos hablan, que permiten que los ausentes hoy estén con nosotros, reavivan nuestros recuerdos, nos hacen mucho bien».

En su conversación oigo ese «nosotros» federativo y brumoso que de toda la vida me ha parecido temerario.

La señora Kling

Se llamaba señora Kling. Era nuestra profesora de geografía e historia de cuarto cuando el liceo Florent-Schmitt era un centro femenino.

Por más que aún llevásemos el mandilón rosa, éramos una panda de pedorras sedientas de desobediencia. La señora Kling era vieja. Utilizo el adjetivo con toda la intención y me pregunto si en el saco «vieja» no metíamos entonces todo lo que tuviera más de cuarenta años.

Al introducir su nombre en un buscador he encontrado una foto de clase de principios de los años sesenta en la que posa con sus alumnas de entonces. Con diez años menos, ya era igualita que en mi recuerdo. Moño muy prieto con mechones crespos en lo alto de la cabeza. Falda recta a media pantorrilla, blusa clara abotonada bajo un chaleco de lana con cuello chal. Posa en la primera fila, con las rodillas muy juntas y las manos cruzadas dócilmente en semicírculo sobre los muslos. Con nosotras debía de andar cerca de la jubilación.

La señora Kling no tenía ninguna autoridad. Entraba en el aula con su cartera, el cuello estirado hacia delante, la cabeza balanceándose a cada paso. Daba la clase a la antigua usanza, tiza en mano, dictando su saber con voz monocorde. Decía «¿eh?» sin cesar. Nadie la escuchaba.

Fuimos de mal en peor a lo largo de aquel curso, indiferentes y alborotadoras. Un día se quedó callada, bajó de la tarima agarrándose al escritorio y nos escrutó con la expresión alterada.

«¿Qué pasa? ¿Por qué no quieren ustedes aprender? ¿Eh? ¿Qué es lo que pasa?».

Las chicas dejaban escapar risitas, más o menos avergonzadas.

Me puse de pie y declaré: «Porque su clase nos aburre. Es aburrida. No sabe despertar nuestro interés».

La señora Kling subió de nuevo a la tarima, temblorosa, recogió sus cosas y se marchó.

Mis compañeras se partieron de risa. Nadie me felicitó ni me criticó. Era todo normal. Yo estaba poseída por la obviedad de mi liderazgo.

Nunca más volvimos a ver a la señora Kling. Ni en clase ni por los pasillos del centro escolar.

No recuerdo qué consecuencias inmediatas tuvo el suceso. ¿Llegó un profesor nuevo de geografía e historia? ¿O no? Tampoco recuerdo que nadie me sancionara.

De cuántas cosas del pasado no me acuerdo. La niñez, los años de liceo reducidos a tan pocos instantes y tan pocos nombres.

Nunca he olvidado a la señora Kling. ¿En qué meandros de la vida desapareció? Nunca he dejado de pensar en este episodio. El sentimiento amargo que lo acompaña, vinculado a la irreversibilidad del tiempo, persistirá más allá de este esfuerzo de escritura.

Sé un hombre

Cada día, y hasta dos veces al día, una pequeña procesión alerta y embebida, guiada por el abogado Gilles-Jean Portejoie en trenca beis y rodeada de fotógrafos, surge de una calle en pendiente que desemboca en la place du Palais, en Vesoul.

Es la llegada de los Fouillot.

Con bufandas bien colocadas, fortalecidos por los meses de celebración televisiva de su hija asesinada, gozando de la doble legitimidad de la desgracia y la traición, padres, hermana, cuñado, sus defensores (los niños pequeños también tienen uno, alegando que se han visto privados de su tía) llegan a los juzgados envueltos en su manto de apreciable dolor.

Una mañana de octubre de 2017, Jonathann Daval denunció la desaparición de su esposa, quien según él había salido a correr. Al cabo de tres días de búsquedas, el cuerpo de Alexia Fouillot fue hallado en un bosque cercano. Durante semanas, filmados en todo momento, los Fouillot lloraron y ensalzaron la memoria de su hija, estrechando entre sus brazos al yerno desolado.

Tres meses más tarde, Jonathann confesaba el asesinato de su mujer.

En la sala, los Fouillot se colocan a la izquierda; los Daval, a la derecha. Digo «los Daval» pero no se sabe muy bien quiénes son las personas que se concentran del lado del banquillo. Está la madre de Jonathann en silla de ruedas, con los pies colgando en calcetines y sandalias de niña; detrás, familiares más o menos cercanos, dispersos, variables, sin un vínculo reconocible.

Los Fouillot, en cambio, hacen piña. El cuarteto en la primera fila. Otros miembros de la familia en la segunda. Limpios, unidos, dignamente presentes.

Jonathann Daval ha adelgazado, está más chupado que en la televisión, cuando lo veíamos llorar abrazado a sus suegros. Sigue teniendo el mismo pelo engominado pero se diría que el tupé tintinesco se ha sofisticado. Cuando el fiscal menciona la pena, él contesta: «La duración de la condena me da igual, me da igual...». Su abogado, Randall Schwerdorffer, afirma que durante los meses de procedimiento no le ha preguntado ni una sola vez a qué se enfrentaba. Nunca. «Algún día saldrá usted de prisión...», dice el fiscal. «Me trae sin cuidado». A Jonathann le trae sin cuidado porque no se proyecta en el futuro. Para proyectarse hace falta tener una ligera idea de quién se es o de quién se quisiera ser (viene a ser casi lo mismo, si se piensa bien).

Es difícil enfrentarse a un hombre en tan baja forma. «Las excusas mínimas de Jonathann Daval no satisfacen a los padres de Alexia», truena Portejoie, el abogado de las partes civiles. Un Portejoie que me hablará de la lastimosa mediatización de este juicio y al que veremos rodeado de sus clientes mañana, tarde y noche y en cada receso, mechones esponjosos al viento, abalanzándose a las fauces abiertas de las cámaras. «Se esconde, no afronta nuestras miradas», afirma Grégory Gay, el combativo cuñado en la propia escalinata del palacio de justicia. No, no satisface. Ni a su familia política, ni a los magistrados, ni a nadie. No afronta, no. Ni siquiera las miradas. Si fuera capaz de afrontar —es lo que revelan estos seis días—, jamás habría matado.

Jonathann Daval no sabe nada de sí mismo. Aparte de estas palabras: «Me trae sin cuidado», todo lo que ha podido decir, narrar trabajosamente en los juzgados de Vesoul ha sonado falso, tomado prestado de otros, de todos aquellos que desde su confesión se han interesado por su caso y lo han disecado. Él no quiere nada. Un destino u otro, la prisión incluso, con tal de que pueda conservar sus hábitos, que los días se parezcan, que el ambiente no sea hostil. Con tal de que nada cambie. Puede que incluso la cárcel resulte más tranquilizadora que la casa grande redecorada donde se vio a solas con su mujer. Es un obsesivo de los de verdad. Tiene auténticos trastornos, comprueba todo, la puerta, el cajón, debajo de la cama, la higiene de sus manos, todo. El psiquiatra Jean Canterino, el único que ofrece una versión esclarecedora de la personalidad del acusado, hablará de trastornos obsesivo-compulsivos de naturaleza patológica. Una patología seria, reconocida y que altera su autopercepción con respecto a los demás.

«No nos está ayudando mucho, señor Daval, ¿es usted consciente?», dice el juez. No ayuda, no. ¿Cómo iba a ayudar? Las partes civiles están desatadas: manipulador, envenenador, cínico, mentiroso. Pero es preciso ser alguien para ser todo eso. Durante estos seis días de juicio, Jonathann Daval no responde a ninguna expectativa. No satisface, no tranquiliza. No proporciona ninguna clave de sí mismo por más que se la reclamen por activa y por pasiva. No hay por dónde atraparlo. No sabe quién es. *Me trae sin cuidado.* Soporta su vida. Igual que soportó el corsé para corregir la cifosis durante la adolescencia. Dos años de corsé, veintitrés horas cada día, con unas barras visibles alrededor del cuello. Soportó la discapacidad y las burlas sin quejarse jamás. Quejarse es también dar muestras de existencia. Se declara *retraído*. Uno intuye que han debido de soplarle esa palabra aterciopelada, pero la imagen da en el clavo. Es un hombre retraído, un poco borroso detrás de los demás. Su mujer se lo reprocha. Con dieciséis años lo quería por su lado frágil, un chico que no era como los demás. Con veintinueve, exige un hombre como los demás. Un hombre *que la llene*, con todos los clichés que caben en esa fórmula. Él es el último capaz de llenar, si es que existe tal cosa.

«¡En medio de las zarzas, de las zarzas, DE LAS ZARZAS! ¡¡Por los pies, por los pies, POR

LOS PIES, arrastra por el camino el cuerpo sin vida!! ¡¡Arrastra A SU MUJER por un camino cubierto de zarzas!!», exclama y fulmina el abogado Portejoie. Pero ¿a quién se dirige? El ser apocado apenas visible en su jaula, tan ausente de su proceso como de sí mismo, no sabría ser el héroe de esta poesía faulkneriana. Sobre los actos de ocultamiento del sábado 28 de octubre, el doctor Canterino emplea estas desconcertantes palabras: «Desea borrar su gesto, regresar a la normalidad. Sigue haciendo las tareas domésticas, sigue limpiando». Es cierto que Jonathann recoge y limpia con esmero. En un primer momento semejante afán representa una virtud, pero más adelante se le reprochará. Jonathann Daval no quiere un mundo después. Cuando le preguntan si aspiraba a un ascenso laboral, responde que no. No aspira a ascensos de ningún tipo. Es feliz en la inmovilidad. Cuando está bien en un contexto, si el contexto cambia él pierde el equilibrio.

Todo parecía de color de rosa entre Alexia y él mientras fueron libres, ajenos a la vida adulta. «Ella era su princesa», afirma la hermana de Jonathann. «Un muchacho genial, nuestro muchacho», dice el padre de Alexia. Cabe imaginar el arrebato que supuso para él, el feo, el menos idóneo, ser elegido por esa chica radiante. Fue ella quien lo besó. Fue ella quien lo elevó hacia la seducción, hacia la burguesía. Él se desvivía para ponerse a esa altura absurda, embargado por el miedo a defraudar. Hasta que un buen día una cosa lleva a la otra y el muchacho se encuentra en una embarcación que ya no sabe gobernar. La casa, el bebé, la responsabilidad social, esos mínimos de la vida convencional pueden pesar y mucho, asfixiar incluso. No todo el mundo está en condiciones de habitar la morada de la felicidad.

Llega un tiempo de exhortaciones de toda clase: ser menos discreto, tomar la palabra en las reuniones de amigos, no sacudir la pierna, no ponerse la mano delante de la boca para hablar, mostrarse menos servil en casa de los padres, tomar decisiones, ser un hombre. El niño ya grande que haría las veces de enamorado transido era un destino posible en las postrimerías de la infancia. Pero, en el mundo de Épinal de Alexia, cuando una se convierte en esposa, banquera, dueña de una casita, sueña con un hombro sólido en el que apoyarse. Se ha equivocado de chico, la pobre. Todo el mundo cambia. Él no. Él no puede responder a nada, se siente inferior en todo. Isabelle Fouillot le dirá estas mismas palabras: «Sé un hombre por una vez». Y cuando el presidente la autorice a volver al estrado dos días más tarde para dirigirse directamente al acusado —una venia poco habitual—, la elegante Isabelle, con su chaqueta de lana neochaneliana y un dominio extraordinario de los tiempos y los silencios, añadirá: «Tú no eres un hombre. Es verdad, no eres un hombre... Es duro oír la realidad de frente, ¿eh?». ¿Qué significa eso? Habla Randall Schwerdorffer: «¿Acaso a una mujer se le dice que no es una mujer?».

Jonathann ya no entiende qué quieren de él. O quizá lo entiende y le da vértigo. Se refugia en casa de su madre. Acude varias veces al día, a escondidas, le miente a todo el mundo. Ya no puede seguir el ritmo. Desde que se casaron ya no se empalma. Ella quiere un hijo. Él inicia un tratamiento para favorecer la erección que por supuesto no sirve para nada. Ella inicia un tratamiento para favorecer el embarazo porque, maldita suerte, tiene dificultades fisiológicas. Desastrosa concomitancia. Adiós, ligereza. El sexo se vuelve utilitario y problemático. Jonathann rehúye el lecho conyugal. Ella se lo reprocha. Sé un hombre, sé un padre, terribles mandatos para quien no puede.

Se hunden en una infelicidad invisible. A ojos de la familia de Alexia forman una pareja radiante, sin problemas. «Una relación natural a más no poder», afirma Jean-Pierre Fouillot. Dan el pego de cara a la galería y a ellos mismos. Se aprisionan de común acuerdo en la imagen que desean dar. ¿Cuántas parejas se marchitan así en el infierno conyugal? «¿Por qué no os divorciasteis?», pregunta Isabelle Fouillot con su voz aguda y falsamente inocente, la primera que se habría escandalizado si hubiese surgido tal verbo. Para divorciarse, sin embargo, es necesaria una reflexión, una toma de perspectiva. Es preciso hablar. Ellos ya no hablan. Varias veces durante el proceso Jonathann murmurará: «No podíamos hablar del problema de pareja». A propósito de la escena final, de la que, a pesar de los muchos asaltos, no sabremos nada aparte de los hechos,

la abogada de las familias probará suerte con este
último diálogo:
    —¿Nos puede contar qué ocurrió realmente?
    —La pelea.
    —¿Y el motivo?
    —... Las palabras de más.
    —¿Qué palabras?
    —...

Al tercer día de vista, Isabelle Fouillot había
dicho: «Yo no veía a ese muchachito capaz de semejante horror». Ese muchachito... ¿Así es como
lo veían, entonces? Durante este juicio no se han
oído ni una sola vez las palabras «padre» o «madre». Solo se ha hablado de papá, mamá, la mamá
de J., en casa de su mamá, el papá de A., un postre
que hacía mi mamá, la mamá que usted es, etcétera, etcétera. Asesinato, zarzas, cremación, erección, salpicado todo de mamás y papás. Como si
se acreditara la faceta pueril del monstruo y se
usaran unas pincitas adaptadas.

Isabelle Fouillot desea saber la Verdad. La
que busca no existe. En cualquier caso, hay una que
no puede esquivar: ni ella ni su marido vieron
nada. No vieron que su hija era infeliz, no vieron que se volvía anoréxica, no vieron su soledad.
Jean-Pierre Fouillot dice que no tenía conversaciones con su yerno, pero que verlo con Alexia
era pura dicha. No se alarmaron por nada a pesar
de que las dos familias se veían a diario. Querían

como a su propio hijo a este chico discreto, atento, servicial, nunca disgustado, nunca furioso...

En Besanzón, cuando estudiaba, Alexia se encaprichó de otro joven. Alertada por su futuro yerno, Isabelle Fouillot aconsejó a su hija: «Piénsatelo bien, ya has encontrado al bueno...».

«Extraordinarios en altura y dignidad», como los bosqueja el extático Portejoie, los Fouillot y los Gay han expresado su desdicha en todos los platós. Majestad y poderío de la víctima. A lo largo del proceso han sido los intocables de la primera fila, los guapos, los puros, sufridores legítimos e impecables. Nadie se ha ofuscado al verlos cada tarde en la escalinata del palacio de justicia comentando la audiencia para las cadenas de noticias, exhibiendo sus agravios y reivindicaciones al margen de contextos y reglas. La desgracia, una gran desgracia, está de su parte. La más mínima molestia con respecto a ellos es motivo de culpa.

Les han dado una cifra. Veinticinco años.

Han dicho que están aliviados. Aspiran a la paz. Tal vez nunca se dirán que dejaron a su hija en brazos de nadie.

Vesoul - noviembre de 2020 - Tribunal Penal
de Alta Saona

Por debajo

El discurso era más largo.

Reconstituí lo que pude hace no mucho para el libro de Jeff Layton *In die Luft schreiben: Luc Bondy und sein Theater*, a partir de unas páginas encontradas en un cuadernito que se llama *Luc* y en el que no hay nada más.

La *laudatio* para el premio Cythère de diciembre de 2009 arrancaba más o menos así: «Hace un mes me escribiste un mensaje: ¿Dónde estás? Yo, en París. Con un hondo pesar.

»No recuerdo ya dónde estaba yo, pero te llamé y te pregunté qué pasaba. Nada, me dijiste. Va todo bien. Pero aun cuando va todo bien el corazón pesa. Por debajo».

Continuaba añadiendo que era precisamente en ese «por debajo» donde yo creía conocerlo. Por debajo, en su hogar, por debajo de su extrema vitalidad, por debajo de su sentido del humor, había una melancolía particular, una inquietud creciente que sin duda era la materia prima de su talento.

Decía que siempre lo había visto, como a Hamlet, cargando con un libro. Le había visto sacar de su bolsillo Homero, Sófocles, Shakespeare, Spinoza, Emmanuel Bove, diversos pensadores judíos, siempre con la misma frase magnífica: «Tienes que leer esto». Y que era más magnífica aún porque sabíamos que él no los había leído de principio a fin, que solo había picoteado, libado, que únicamente había extraído de ellos los sabores útiles a su presente.

Sostenía yo que Bondy mantenía con los libros la misma relación que con sus amigos. Seria, profunda, y a la vez discontinua, instrumentalizada, útil para colmar toda clase de soledades.

Sostenía que su biografía se parecía a su manera de entrar en una habitación. Un aire febril, fisgón, examinando quién está, quién llega, con quién podría hablar, buscando la mejor manera de sacarle partido a su tiempo.

Hablaba del dolor físico como componente fundamental de su existencia. De su familiaridad con el desorden del cuerpo, sin quejarse jamás, de su valor pasmoso.

Acababa con otro intercambio de mensajes. Le dije: «Noviembre es un mes terrible. Ando medio deprimida». Y él: «El otro medio soy yo».

Firmaba sus comunicaciones con un *tu Luc*; por más que una supiera que él era el Luc de todo el mundo, no dejaba de infundir alegría. En cuanto a mí, tenía la convicción de que mi Luc no era exactamente el de los demás. Mi Luc estaba directamente sacado de un cuento de Isaac Bashevis Singer en el que yo también podría haber participado. Procedíamos de las mismas regiones y de la misma abstracción. Nuestras madres sueltan los mismos comentarios críticos mirando al cielo. Mi Luc no era de fiar, era un gamberro. Pero nos reíamos de las mismas cosas, las más de las veces, de la catástrofe. No éramos hijos de la templanza y la razón. En 2015 retomamos nuestra amistad (tropecientas veces la retomamos, tras tropecientos desencuentros). Esta vez fue más fuerte que las demás, más solemne. A menudo estuvimos profundamente enfadados, y también profundamente nos reconciliamos.

Al salir del restaurante fuimos a la librería de al lado, que estaba abierta hasta tarde. Tú te agarrabas a las mesas para mantenerte en pie por culpa de tus problemas de espalda, y también fuera, mientras esperábamos el taxi, te agarrabas a la mesita de un café.

Moriste apenas dos meses más tarde, de modo que ahora estamos reconciliados para la eternidad. A no ser que...

Mismo abismo

Hacia Delfos navegábamos a llevar el diezmo
misma nao, mismo huracán, mismo abismo.
MARGUERITE YOURCENAR,
La couronne et la lire

Los ahogados hablan a los vivos.

Los poetas griegos antiguos escribieron incontables epitafios para los muertos en la mar.

Los de hoy no se hundieron en el golfo de Corinto, sino frente a la costa de Ouistreham, en la bahía del Sena.

Forman parte de la misma historia antigua que nunca terminará.

Unos hombres zarpan y nunca regresan a puerto.

Su nao era un viejo pesquero demasiado pesado, reconvertido para la pesca de la vieira. Eran jóvenes y no muy expertos. El más joven ni siquiera era marinero y el patrón no era patrón. Se llamaba Quentin Varin, tenía veintisiete años. El barco por el que se había endeudado unos meses antes era suyo solo a medias. Los dos marinos eran hermanos. Steven Gibert tenía veintiséis años; Jimmy Gibert, diecinueve.

El 14 de enero de 2021 salieron al mar para una jornada de pesca. Hacía bueno, circunstancia poco habitual, las dragas estaban a rebosar de vieiras.

No hay que dejar pasar la temporada de la vieira. Este molusco representa el setenta por ciento de la facturación anual, y qué se le va a hacer si te pasas del horario reglamentario, qué se le va a hacer si el barco va sobrecargado.

A última hora se desata la tempestad. El viento sopla a rachas formando depresiones de dos metros y olas que alcanzan los cinco metros.

En torno a las siete de la tarde, Quentin Varin solicita asistencia por una avería en el timón. Los rescatadores voluntarios de la Sociedad Nacional de Salvamento Marítimo (SNSM) de Ouistreham acceden a ir a socorrerlos.

Hay tan mala mar que una parte de la tripulación se descompone durante la travesía.

El remolque se inicia alrededor de las nueve y cuarto. Tras una primera tentativa, por fin consigue amarrarse el cabo a la cornamusa central, porque los escobenes laterales, muy deteriorados, se han abierto con la presión.

Quentin le escribe a su madre. «Remolcados». «OK. Ánimo. Muchos besos». «Muchos besos». «Escríbeme cuando hayáis llegado, muchos besos». «Sí, no te preocupes».

El bote de salvamento se adentra en la noche. En varias ocasiones, Quentin les reclama por radio que aminoren la velocidad o se detengan. «El agua de cubierta no termina de evacuarse». «... ¡Os repito que está entrando mucha agua por estribor y nos estamos escorando!».

El patrón del bote responde que va a «aflojar».

A las once y media, Quentin grita: «¡Para! ¡Para! ¡Para!».

La llamada queda sin respuesta.

«¡Eh, tío! ¡Que pares, que pares! Oh, oh, oh, oh, ¡que zozobramos! ¡Que vamos a volcar!».

«¡Volcamos! ¡Volcamos!».

En menos de un minuto, el pesquero se hunde por la popa. Las olas del temporal se tragan el navío y a los tres jóvenes marinos.

En el Tribunal Marítimo de El Havre, la puerta trasera de la sala queda abierta, se oyen las voces de las decenas de rescatadores voluntarios en anorak naranja que han acudido a dar apoyo a sus compañeros y que no han podido entrar. Cinco personas imputadas por homicidio involuntario y negligencia ocupan el banquillo de los acusados. El copropietario del pesquero, el perito naval que intervino durante el proceso de compraventa, dos funcionarios encargados de los certificados y el capitán de la embarcación de la SNSM, Philippe Capdeville.

Los cuatro primeros, de una manera o de otra y sin pensarlo mucho, permitieron que saliera a la mar un barco sin la estabilidad necesaria, sin la seguridad necesaria, «patroneado» por un joven que no contaba con la cualificación oportuna.

Philippe Capdeville quizá tiró con un poco de velocidad, con un poco de fuerza, quizá cambió de rumbo sin avisar, quizá no se fijó lo suficiente ni habló lo suficiente con las personas que estaba remolcando y que a lo largo de las dos horas que duró la tracción dejó libradas a su soledad.

Es un marino, un hombre parco en palabras.

«Entre profesionales del mar no hablamos mucho».

Cuatrocientas misiones en calidad de capitán. Un rescate, incluso con «fuertes vientos», es su pan de cada día.

«Cada cual hace su trabajo, pero nadie se implica hasta las últimas consecuencias. ¿A lo mejor es un lujo hacerlo lo mejor posible?», dice François Zimeray, abogado de la familia Gibert.

Es el juicio de la vida lo que se está llevando a cabo. De su imperfección.

El presidente acepta que Philippe Capdeville se dirija directamente a las familias, es decir, dando la espalda a los magistrados.

«Pueden reprocharme todo lo que tienen dentro. Lo entiendo. Perder a unos chavales es lo peor que puede pasar. Estoy con ustedes de todo corazón. Ya decidirán ustedes cómo tomárselo, pero se lo digo mirándolos a los ojos. Gracias, señoras y señores».

Las familias de los muchachos se amontonan en los dos bancos reservados a la acusación particular.

Los padres de Steven y Jimmy, ahora separados, su hija y la compañera sentimental de Steven.

Detrás, la madre de Quentin, muy frágil, flanqueada por sus dos hijas. El padre, marino también él, está ausente. Se ahorcó unos meses después del naufragio.

Siguen los debates, también taciturnos, inmóviles de dolor, zarandeados de un testimonio a otro, de una verdad a otra, sin saber ya a qué mundo pertenecen.

¿Qué pueden esperar de esas persecuciones penales obstinadas y vanas?

La tragedia ha desbaratado la totalidad de su existencia.

El cielo está vacío. ¿Y a quién maldecir?

Es una lástima que ya no se crea en la suerte, en el día equivocado, en el momento equivocado.

En la Antigüedad, hasta los dioses temían a los hados.

El Havre - abril de 2024 - Tribunal Marítimo

La *senhora* Benedita

Llora, viña,
ay, viñita;
llora, viña,
ay, vida mía...

Miguel Torga,
Cuentos de la montaña

Candida siempre me ha dicho que su madre es mala. La interrogo: «¿Mala? ¿Y eso? ¿Qué le pasa?». Y Candida dice: «No quiere a nadie».

Recientemente ha sobrevenido una tragedia.

Una noche, en su casa de Poiares, la *senhora* Benedita, que tiene ochenta y dos años, se indispuso. Vomitó y perdió el conocimiento. Su hijo João llamó a una ambulancia que trasladó a Benedita al hospital de Vila Real. Al llegar ya se la veía mejor. Le hicieron toda una serie de pruebas y mandaron a João a pasar la noche en casa.

João es el hermano de Candida. Después de divorciarse regresó a Portugal para vivir con su madre. Es taxista.

A la mañana siguiente lo encontraron tirado en el suelo delante del fregadero. Estaba muerto. Su perro también. Intoxicados, tal vez como Benedita, por las emanaciones de dióxido de carbono procedentes de una caldera defectuosa.

Del grifo seguía corriendo agua caliente.

Cuando Benedita despertó, lo primero que quiso saber era a qué hora jugaba el Oporto. La enloquece el fútbol. Vive y duerme en una silla delante del televisor. El Oporto es el equipo de sus amores, pero los demás se los conoce de memoria: Benfica, Guimarães, Sporting de Braga... Cuando no está viendo partidos, se encarga de las viñas de la propiedad que la emplea. Tuvo siete hijos. Cuatro con un primer marido que murió pronto. Tres con otro. Todos viven en el extranjero. Salvo João, que llevaba con ella dos años.

Candida era de la primera hornada. Su madre no tardó en meterla en un hospicio. A su hermana también.

Tenía Candida cinco años cuando un día, por Navidad, encontró a su madre sentada en el regazo del nuevo marido. Un joven de diecinueve años. Le ordena que lo llame padre antes de mandarla de vuelta al hospicio. Con nueve años vuelve a Poiares para encargarse de los tres nuevos pequeños.

El marido es un inútil, es Benedita la que pone la comida en el plato. Un decir, porque no se ocupa de nada en casa. Hace de comer para los perros, no para los hijos. Se va a las viñas al alba, se encarga de los jornaleros, de las ovejas, de las gallinas, de todo el mundo menos de los chiquillos. Los mayores cuidan de los pequeños, se ocupan de las compras, de guisar, de las tareas domésticas... Al colegio van lo justo para aprender a leer y a escribir. Benedita les pega a la mínima, sobre todo a las hijas mayores. Tiene incluso una manguera rellena de arena para que el correctivo sea más eficaz.

Huirán todos lo más lejos posible, a Suiza, a Bélgica, a Francia.

La *senhora* Benedita se queda en Poiares.

Se queda sola, viuda por segunda vez, en los paisajes escarpados del Duero, el río azul que corre en los *Cuentos de la montaña* de Miguel Torga, donde ella nació.

Candida me enseña una breve grabación hecha con su móvil en la que Benedita sube un repecho entre las vides. Lleva mallas estampadas, bata negra y sombrero de paja. Un aspecto sorprendente de artista pintora. Un perro negro la sigue. La viña da trabajo todo el año: podar, sulfatar, poner espalderas, encalar, escardar, tensar alambres, comprobar que funciona el riego. En el Duero, es poco común que una administradora dirija una cuadrilla de hombres. La *senhora* Benedita no los deja ni a sol ni a sombra y los cubre de órdenes y reproches. Si los deja solos, luego regresa para rehacerlo todo.

Candida dice: «La viña es su vida».

Cuando se despertó en el hospital dijo: «¿El Oporto juega hoy? ¿Qué hora es?». Le administraron un calmante antes de anunciarle la muerte de su hijo.

Sus demás vástagos llegaron de sus países de residencia. Ella estaba sentada en la cocina, en su silla de jardín delante de la tele, triste y rencorosa.

Sus hijos la llaman madre y la tratan de usted. Me cuenta Candida que así es en los pueblos, que es una cuestión de respeto, que es normal.

Cuando el hijo de João vino a recoger sus cosas, Benedita montó en cólera: «¡Se ha llevado el abrigo que quería yo! ¡La esclava de oro que le regalé yo a João la quiere para él! ¡Pues no se va a quedar con nada! *Cornos!*». Sacó el puño y dijo otras palabras horribles que Candida no me puede traducir.

En otros momentos está deteriorara, agotada, *aparenta su edad.*

Se acuerda de João y llora. Se pregunta qué hará por las noches sin él.

En São Miguel de Poiares, antiguamente iba a misa todos los domingos. Un día, su adorado cura dijo desde lo alto del púlpito al final del sermón: «Al salir, díganle a la *senhora* Benedita, que no oye bien, que la misa por su difunto esposo se celebrará tal día».

Benedita lo esperó en la puerta.

—¿Por qué ha dicho usted delante de todo el mundo que estoy sorda?

—La gente sabe que no oye usted bien, *senhora* Benedita.

—¡No hacía falta proclamarlo a los cuatro vientos!

Nunca más volvió a dirigirle la palabra ni volvió a pisar la iglesia. Renunció también al cementerio, al que había ido durante años para visitar a sus padres. Dice que ya no puede ir porque se le quedan los pies pegados al suelo.

El cura mendigó su perdón, pero ella se lo negó. Ya murió. Cuando alguien lo nombraba, ella lo tildaba de *filho da puta*.

La mañana del entierro llovía y hacía un frío glacial. Candida vio que su madre iba primero a dar de comer a las ovejas y luego se echaba a las calles en dirección a las viñas, a trabajar igual que cada día del año.

Se marchaba sola bajo la lluvia, llorando.

La campana melancólica sonó por su hijo João, pero la *senhora* Benedita no estuvo en los bancos de la iglesia ni en el cementerio.

Una tarde, al volver de las colinas, antes de que sus hijos salieran volando y la abandonasen a su soledad, declaró: «¡Menos mal que me encontraron a tiempo! Podría haber sido yo».

Apéndice

Bianca vive en Venecia. Tiene noventa y ocho años.

Dice su hijo que lee la prensa todas las mañanas y que es capaz de enhebrar una aguja sin gafas.

El martes le dijo a Caterina, al verla fumar, que debería dejarlo porque era malísimo para el cutis de una mujer.

—Yo fumaba dos paquetes diarios —añadió— y lo dejé solo por el cutis.

—¿Hace mucho? —quiso saber Caterina.

—Hace tres años.

Índice

Este libro se terminó
de imprimir en
Casarrubuelos, Madrid,
en el mes de
enero de 2026